Christian Hanne

Wenn ich groß bin, werde ich Gott

Abenteuerliche Geschichten von Vater und Sohn

Familienbetrieb

Impressum

1. Auflage, September 2024, Originalausgabe

Vertrieb: Seitenstraßen Verlag GmbH
Satz: baroness.de
Titelbildillustration: Jan Steins
Druck: books factory, Szczecin
ISBN: 978-3-937088-34-1

Das Manuskript entstand exklusiv für dieses Buch;
es enthält einige überarbeitete Texte, die zuvor auf dem Blog des Autors,
www.familienbetrieb.info, veröffentlich wurden.

Für Emil.
Versprochen ist versprochen.

Bevor du mit dem Lesen anfängst,
bring bitte den Müll runter.

Inhalt

Kapitel 1:

50 Shades of Nein

„Nein, nein, nein, nein."

Samstagabend im Badezimmer. Habe den Sohn gefragt, ob er baden möchte. Möchte er nicht. Das ist sein gutes Recht. Ich bade auch nicht gerne. Würde mein Vater mich fragen, ob ich baden will, wäre meine Antwort vielleicht kein vierfaches, aber zumindest ein einfaches Nein.

„Soll ich dich abbrausen?" „Nein." Damit keine Missverständnisse aufkommen, schüttelt der Sohn den Kopf.

Seine Abneigung gegen das Duschen kann ich verstehen. Mit anderthalb wollte ich ebenfalls nicht duschen. Zu viel Wasser. Auf dem Kopf, im Gesicht und vor allem in den Augen. Das braucht kein Mensch. Auf jeden Fall kein anderthalbjähriger Mensch.

Mein Vorschlag, ihn mit dem Waschlappen sauberzumachen, findet beim Sohn ebenso wenig Zustimmung. „Nein." Darüber setze ich mich allerdings elterndiktatorisch hinweg. Sein Gesicht und seine Hände zeugen davon, was er heute alles gegessen hat: Haferbrei zum Frühstück, pürierte Möhre als Mittagessen, Banane für den Hunger zwischendurch und abends Toast mit Leberwurst. Er ist quasi eine wandelnde Speisekarte. Da muss man schon mal mit dem Waschlappen rübergehen. Finde ich. Der Sohn nicht. „Nein."

Im zweiten Lebensjahr haben Kinder einen Wortschatz von ungefähr 50 Worten. Der Sohn kann auf 50 Arten „nein" sagen. Lang, kurz, laut, leise, bittend, fragend, ablehnend, energisch, wehleidig, schrill oder wütend. Aber manchmal habe ich den Eindruck, der Sohn weiß gar nicht, was „nein" bedeutet.

Meine Frau und ich sind der Meinung, dass der Sohn ein aufgewecktes Kerlchen ist. Fragen wir ihn beim Bilderbuchanschauen: „Wo ist der Ball?", zeigt er auf den Ball. Meistens. Manchmal auf die Schaufel oder das Fahrrad.

Bei dem Sortierwürfel mit den unterschiedlichen Öffnungen wirft er das Rechteck in den rechteckigen Umriss, das Dreieck in die dreieckige Form und den Kreis in das kreisförmige Loch. Ganz selten, fast nie, versucht er das Rechteck in die Kreisöffnung zu stopfen und bekommt dann einen Tobsuchtsanfall, weil das nicht passen will.

Alles in allem spricht das vielleicht nicht für eine Hochbegabung, aber durchaus für Intelligenz, Scharfsinn und gute Auffassungsgabe. Eigenschaften, die er allerdings nicht an den Tag legt, wenn er das Wort „nein" benutzt. Manchmal sagt er es und nickt dazu. Oder klatscht in die Hände. Oder reißt seine Ärmchen in die Höhe, lacht, juchzt, gluckst und gerät in Ekstase.

Die gröbsten Essensspuren im Gesicht des Sohnes sind beseitigt. „Möchtest du den Schlafanzug mit dem Löwen oder mit den Clowns anziehen?" Ich zeige ihm beide, damit er sich sein Schlafgewand aussuchen kann. Der Sohn sagt: „Nein."

Da ich der Meinung bin, der Sohn kann nicht nur mit Windel ins Bett gehen, ziehe ich ihm den Löwen-Schlafanzug an. (Den mit den Clowns finde ich ein wenig gruselig. Hoffentlich ist er ihm bald zu klein.) Er scheint einverstanden zu sein. Zumindest protestiert er nicht.

Es ist aber nicht so, dass der Sohn keine anderen Wörter benutzt. Zum Beispiel „Poga“. Das heißt Papa und war sein allererstes Wort. Meine Frau behauptet, er hätte da nur aufgestoßen, aber das stimmt nicht.

Außerdem sagt er „Manna“. Für Mama. Oder er will ungesäuertes Brot.

„Da“ ist „ja“ auf Russisch, der Sohn verwendet es, wenn er auf Sachen zeigt. „Wau“ bezeichnet alle Tiere und manchmal ruft der Sohn „miprasch“. Da wissen wir nicht, was er damit meint. Könnte kroatisch sein. Oder klingonisch.

Am häufigsten sagt der Sohn aber nein. Ich glaube, „nein“ ist sein Lieblingswort. Er würde das verneinen.

Der Sohn und ich wenden uns der Mundhygiene zu.

„Soll ich dir die Zähne putzen?“ „Nein.“ „Willst du sie selbst putzen?“ „Nein.“ Dass seine Zähne gar nicht geputzt werden, ist keine Option. Schließlich wollen wir nicht, dass der Sohn im Mund wie ein englischer Hafenarbeiter aussieht.

Also putze ich seine Zähne. Der Sohn hilft mir dabei, indem er meine Hand festhält. Dabei ruft er: „Nein, nein, nein.“ Vielleicht will er mir auch gar nicht helfen, sondern die Zahnbürste entreißen, damit ich nicht länger in seinem Mund herumfuhrwerke.

Manchmal befürchten meine Frau und ich, das viele Nein-Sagen des Sohns könnte sich negativ auf die Entwicklung auswirken. Laut der modernen Pädagogik sollen Kinder in einer Ja-Umgebung aufwachsen. Dort wird nicht ständig alles verboten, ertönt nicht andauernd ein Nein, wird nicht immerzu der Kopf geschüttelt.

In der Ja-Umgebung wird erlaubt, genickt und gejaht. Kinder haben Freiräume, können erkunden, lernen und ihren eigenen Interessen nachgehen. Das ist gut für Kreativität, Eigenständigkeit und Selbstbewusstsein. Der Sohn hält nicht allzu viel von den Segnungen der Ja-Umgebung. Er sagt nein.

Vermutlich sind meine Frau und ich nicht ganz unschuldig an seiner Neineritis. Seit der Sohn mobiler ist – zunächst durch die Zimmer rollend, dann im Flur umherrobbend und schließlich durch die Wohnung krabbelnd –, sagen wir sehr häufig nein. Zum Beispiel wenn er in Steckdosen langen will. Oder Bücher aus dem Regal reißt. Oder meine Schuhe in den Mülleimer schmeißt. Weil wir unseren Sohn mögen, wollen wir nicht, dass er sich elektrifiziert oder unter Büchern begräbt. Und meine Schuhe mag ich auch. Da müssen wir schon mal nein sagen.

So oft, wie der Sohn das Wort „nein“ hört, denkt er wahrscheinlich, das ist sein Name.

Die Nein-Haltung des Sohns macht den Alltag mitunter herausfordernd.

„Möchtest du den gelben Becher?“ „Nein.“

„Wie wäre es mit dem blauen Becher?" „Nein.“

„Vielleicht der rosane?“ „Nein.“

„Oder grün?“ „Nein.“

Weil wir keine andersfarbigen Becher haben, muss er aus einer Tasse trinken. „Neiein."

Mit dem bettfertigen Sohn gehe ich zu meiner Frau. Sie ist für die Gute-Nacht-Geschichte zuständig.

„Sollen wir ‚Laura, die Laus' oder ‚Tilda, die Tigerin' lesen?", fragt sie ihn. Er schaut sie sehr lange sehr ernst an. „Nein."

Mit ‚Nele, das Nashorn', ‚Cosma, der Koalabär', ‚Zoe, das Zebra', ‚Jakob, der Jaguar', und ‚Juli, der Junikäfer' kann er sich ebenfalls nicht anfreunden. „Nein, nein, nein, nein, nein." Vielleicht mag er keine Tiere.

Sie liest schließlich die Geschichte vom Piraten-Paule vor. Der wäre lieber eine Prinzessin und malt deswegen sein Boot pink an. Quasi rosa-hellblau-Falle durch die Hintertür. Aber der Sohn mag das Buch und hat dazu nicht nein gesagt. Was allerdings auch daran liegt, dass meine Frau ihn nicht gefragt hat.

Als sie mit dem Buch fertig ist, will sie wissen, ob es ihm gefallen hat. Der Sohn sagt: „Nein."

Ich bringe den Sohn ins Bettchen, decke ihn zu und gebe ihm einen Gute-Nacht-Kuss. „Schlaf gut und träum was Schönes." „Nein."

Kapitel 2:
Schlaflos mit Batic und Leitmayr

„Gute Nacht, Bruno, gute Nacht, Miezi, gute Nacht, Püppi, gute Nacht, Pferdo, gute Nacht, Anna, gute Nacht, Lieschen …“ Sonntagabend, 20.15 Uhr. Bringe die Tochter ins Bett. Sie und ihre 98 Stofftiere. Die brauchen auch alle ein Gute-Nacht-Küsschen. Sonst können sie nicht einschlafen. Sagt die Tochter.

Dann stellt sie noch ein paar wichtige Fragen, für die tagsüber keine Zeit war. Warum heißt Brot Brot? Sind der Weihnachtsmann und der Osterhase befreundet? Was macht das Sandmännchen, wenn der Fernseher aus ist?

Werde allmählich etwas unruhig. Aus dem Wohnzimmer ertönt das Tatort-Intro. Seit über 15 Jahren schauen meine Frau und ich den ARD-Krimi. Der ist uns heilig.

Seit fünf Jahren wird unser sonntägliches Tatort-Ritual gestört. Seit die Tochter auf der Welt ist. Sie teilt unseren Tatort-Enthusiasmus nicht. Der Sohn auch nicht.

Das ist bei uns ein grundlegender Generationenkonflikt: Wir, die Eltern, wollen, dass die Kinder sonntagabends schnell einschlafen, damit wir das Wochenende gemütlich bei Mord und Totschlag ausklingen lassen können. Die Kinder haben dagegen kein Interesse an schnellem Einschlafen oder überhaupt an Schlaf. Sie verlassen im Fünf-Minuten-Takt ihre Betten, haben Durst, müssen auf Toilette oder klagen über Phantom-Bauchschmerzen.

Als der Tochter keine Fragen mehr einfallen, schaue ich ins Zimmer des Sohns. Er ist damit beschäftigt, einem Stoffhasen das Ohr abzureißen. Vermeide jeden Blickkontakt und schleiche ins Wohnzimmer. Batic und Leitmayr erscheinen auf dem Bildschirm.

„Um was geht's?", frage ich. „Ein Mann wurde erwürgt. Der arbeitet bei einer Firma, die so Zeugs machen." Ich warte, ob meine Frau ihren rätselhaften Bemerkungen noch etwas hinzufügt. Tut sie aber nicht. Dafür hat sie Gummibärchen und Schoki für unseren Fernsehabend gerichtet. Das ist für Eltern ja wie Wellness: Ungestört Süßigkeiten zu essen, ohne dass plötzlich ein Kind auftaucht und inquisitorisch fragt: „Was isst du da?"

Ich schiebe mir ein großes Stück Schokolade in den Mund, als ich die Tochter im Flur höre. Tapp, tapp, tapp. Im Wohnzimmer angekommen, erklärt sie, ihre Stofftiere seien noch nicht müde und unterhielten sich dolle laut. Deswegen könne sie nicht einschlafen. Aha.

„Außerdem hat Bruno Durst." Mit diesen Worten hält die Tochter uns ihren Teddy entgegen. „Sollen wir ihm noch etwas zu trinken geben?", frage ich. „Ja", antwortet sie.

„Danach bleibst du im Bett, okay?", frage ich. „Versprochen", erwidert sie und nickt ernsthaft. Eine Antwort mit weniger Wahrheitsgehalt als meine Beteuerungen beim Zahnarzt, ich hätte regelmäßig Zahnseide benutzt. Bruno und die Tochter trinken einen Schluck Wasser, dann gehen sie zurück ins Bett. Tapp, tapp, tapp.

Setze mich wieder hin und schaue zu, wie sich Batic und Leitmayr mit dem Gerichtsmediziner unterhalten. Trippel, trippel, trippel. Der Sohn läuft durch die Wohnung. Vor zwei Wochen haben wir ein paar Stäbe aus seinem Gitterbettchen entfernt. Das hat den großen Vorteil, dass er ohne unsere Hilfe sein Bett verlassen kann. Was wiederum den großen Nachteil hat, dass er das auch macht.

Der Sohn taucht auf, sein Blick wird sofort magnetisch vom Bildschirm angezogen. Ein finsterer Typ erwürgt gerade eine leicht bekleidete Frau mit bloßen Händen. Nicht gerade altersgerechter Stoff für einen Zweijährigen. Sein dramatischstes Fernseherlebnis war bisher eine Folge „Lauras Stern", in der der fiese Harry den Stoffhund von Tommy in ein gruseliges Abflussrohr kickt, in das Laura dann reinklettert, um den Hund zu retten.

„Was willst du?", frage ich den Sohn. Er dreht sich um und entdeckt die Süßigkeiten. Die sind noch spannender als der Fernseher. „Lokolade schaben!", ruft er. Weil er beim Reden nie den Schnuller aus dem Mund nimmt, klingt er wie Heinz Schenk – die Älteren erinnern sich – nach dem achten Bembel Äppelwoi. Meine Frau erklärt geduldig, es sei Schlafenszeit, da gäbe es keine Süßigkeiten mehr. Für den Sohn kommt diese Information vollkommen unerwartet. Er verzieht weinerlich das Gesicht. Meine Frau lässt sich nicht erweichen und bringt ihn zurück ins Bett.

Batic und Leitmayr unterhalten sich mit einem Mann. Ein Angehöriger des Mordopfers? Ein Kollege? Bevor ich es herausfinde, rennt der Typ weg und die Kommissare nehmen die Verfolgung auf.

Tapp, tapp, tapp. Nächster Auftritt der Tochter. Bruno habe voll Bauchweh und müsse unbedingt nochmal aufs Klo. Nachdem wir das erledigt haben, benötigt er noch ein warmes Kirschkernkissen, sonst könne er und damit auch sie unter keinen Umständen einschlafen. Meine Frau erklärt sich großzügig bereit, das zu übernehmen. Batic und Leitmayr sitzen im Büro, trinken Kaffee und unterhalten sich. Keine Ahnung über was.

Meine Frau kommt zurück und will wissen, ob etwas Interessantes passiert sei. „Nicht wirklich", berichte ich. „Da wurde gerade ein Typ befragt und dann haben sie ihn verfolgt." Das ist präzise und auf den Punkt, meine Frau schaut mich trotzdem verständnislos an. Meine Güte, sie hat ihre Doktorarbeit mit „magna cum laude" bestanden, da wird sie wohl in der Lage sein, die Handlung eines nicht gerade hyperkomplexen Krimis zu erfassen.

Batic nimmt einen Verdächtigen in die Mangel. Tapp, tapp, tapp. Die Tochter betritt das Wohnzimmer, als der TV-Kommissar schreit: „Ich bring dich hinter Gitter, du Scheißkerl!"

Der Tochter klingeln die Ohren. Sie überlegt eine Weile, warum sie überhaupt gekommen ist, bis ihr einfällt, dass Miezi, ihre Plüschkatze, sie am Finger gekratzt hat. Der tue jetzt voll weh. Auch nach längerem Betrachten kann ich nichts an ihrem angeblich versehrten Finger entdecken. Da jetzt nicht der richtige Zeitpunkt für eine längere Diskussion ist, puste ich pflichtschuldig auf den Finger und die Tochter geht in ihr Zimmer. Tapp, tapp, tapp. Im Flur klatscht sie sich mit ihrem Bruder ab, der – trippel, trippel, trippel – vorbeikommt. Er kontrolliert, ob wir und vor allem die Süßigkeiten noch da sind. Ich nehme ihn auf den Arm und bringe ihn wieder ins Bett.

Zurück im Wohnzimmer wird Batic gerade hinterrücks niedergeschlagen. Möglicherweise von dem Frauenwürger vom Anfang. Vielleicht auch von jemand anderem. Leitmayr? Wohl eher nicht.

Tapp, tapp, tapp. Die Tochter erklärt, Bruno und die anderen Stofftiere hätten Angst. Ein böser Mann läge unter dem Bett und rufe die ganze Zeit „Scheißkerl!" Danke für nichts, Batic! Eigentlich wäre meine Frau dran, mit der Tochter zu gehen, aber sie ist eingeschlafen.

Also inspiziere ich das töchterliche Bett. Könnte ich gerne drauf verzichten. Es ist zwar nicht sehr wahrscheinlich, aber auch nicht hundertprozentig auszuschließen, dass unter dem Bett nicht doch eine bedrohliche Gefahr lauert. Kennt man ja aus drittklassigen Horrorfilmen. Irgendein unbedeutender Nebendarsteller – was in etwa meinem Status in der Familie entspricht – schaut unters Bett, blickt in ein Paar rotglühende Augen und – schwupps – wird er von einer haarigen, klauenartigen Hand gepackt und brutal gemeuchelt.

Zu meiner Erleichterung entdecke ich unter dem Bett nichts außer ein paar Staubmäusen, die mich fröhlich begrüßen. Decke die Tochter zu und gebe ihr und Bruno einen Gute-Nacht-Kuss. Den anderen Stofftieren winke ich matt zu.

Auf dem Weg ins Wohnzimmer linse ich beim Sohn rein. Ganz dezent, um ihn nicht zu wecken. Meine Vorsicht ist unbegründet. Er ist noch wach und fährt mit seinen Spielzeugautos auf dem Boden hin und her. Als er mich erblickt, ruft er „Lallo" und freut sich, dass ich mit ihm spielen will. Will ich aber nicht, und zu seiner großen Enttäuschung stecke ich ihn ins Bett. Auf dem Weg aus dem Zimmer trete ich in eins der Autos und stoße ein paar derbe Flüche aus, mit denen Batic sein Verhörvokabular beträchtlich erweitern könnte.

Setze mich wieder aufs Sofa und meine Frau, die von ihrem kurzen Power-Nap wieder erwacht ist, erklärt: „Ich glaube, der Gärtner ist der Mörder." Welcher Gärtner?

Batic und Leitmayr verhaften nun den Täter. Vermute ich zumindest, denn es ist schon 21.42 Uhr, Zeit, das Verbrechen langsam mal aufzuklären. Die abgeführte Person sehe ich allerdings das erste Mal. Gab es überhaupt einen Mord? Oder sonst ein Verbrechen? Ich erinnere mich nicht.

Kurze Zeit später liegen meine Frau und ich im Bett. Tapp, tapp, trippel, trippel. Tochter und Sohn erscheinen Hand in Hand im Schlafzimmer. „Seid ihr noch wach?", fragt die Tochter. Meine Frau und ich nicken synchron. „Da legen wir uns am besten zu euch", erklärt die Tochter und der Sohn klatscht zustimmend. „Dann seid ihr nicht so allein und könnt besser einschlafen."

Kapitel 3:
Wenn Spinner Spinnen jagen

„Spinnenalarm!" Ich räume gerade in der Küche die Spülmaschine ein, als der Sohn in die Küche gerannt kommt. „Im Schlafzimmer ist eine Spinne", ruft er schwer atmend. Mit seinen Händen deutet er ihre Größe an, die eher einem properen Meerschweinchen als einer durchschnittlichen westeuropäischen Spinne entspricht.

Meine Frau hat die Spinne entdeckt, als sie gebügelt hat, und das ist ein Problem. Also, nicht dass sie gebügelt hat, sondern dass sie den unerwünschten achtbeinigen Gast erblickt hat. In unserer Familie ist das Verhältnis zu Spinnen klassisch gegendert. Meine Frau und die Tochter haben panische Angst vor ihnen, der Sohn und ich dagegen lediglich eine gesunde Abneigung.

Mit seinen vier Jahren mangelt es dem Sohn an Geschicklichkeit, um Spinnen einzufangen. Somit obliegt mir das ehrenvolle Familienamt des Jägers. Sobald in der Wohnung das Wort „Spinnenalarm" ertönt – zumeist eingeleitet durch einen schrillen Schrei –, habe ich Einsatz. Egal zu welcher Tages- oder Nachtzeit. Da gibt es kein Diskutieren, da muss ich ran.

Meine Frau steht im Schlafzimmer neben dem Bügelbrett und zeigt mit weit ausgestrecktem Arm auf die Wand neben dem Kleiderschrank. Die Tochter neben ihr weist in die gleiche Richtung.

Zu meiner Erleichterung sitzt dort keine meerschweinchengroße Spinne. Auch sonst sehe ich kein derartiges Ungeheuer. Selbst nach längerem Suchen nicht. Erst als ich mich dem Schrank auf knapp 20 Zentimeter genähert habe, entdecke ich sie: eine kleine Zitterspinne. Wirklich klein. Sehr klein. Klitzeklein. Der Körper ist stecknadelgroß, die Beinchen ungefähr vier Millimeter lang.

Mir liegt ein „Das ist aber eine kleine Thekla" auf der Zunge. (Wie die Spinne bei Biene Maja.) Im letzten Moment besinne ich mich eines Besseren. Als ich das letzte Mal einer Spinne einen Namen gab, tat sie meiner Frau und der Tochter leid. So leid, dass ich sie nicht töten durfte, sondern sie in einem Glas fangen und im Hof in die Freiheit entlassen musste. Im Hof zwei Häuser weiter.

Die Lizenz zum Töten habe ich nur bei namenlosen Arachnoiden. Verstehen Sie mich bitte nicht falsch, ich empfinde keine klammheimliche Freude daran, achtbeinige Eindringlinge ins Jenseits zu befördern. Die Spinne lebend zu fangen, ist aber erheblich aufwändiger. Bei gleichzeitig erhöhtem Risiko, dass sie mir entwischt.

Meine Frau fixiert die Spinne mit starrem Blick, die schaut zurück. Wer hier versucht, wen zu hypnotisieren, bleibt unklar.

Der Sohn beäugt die Spinne mit kindlicher Neugier. Zu seinem letzten Geburtstag hat er ein Explorer-Set geschenkt bekommen. Mit Becherlupe, Pinzette und Stirnlampe. (Damit er im Berliner Großstadt-Dschungel auf Expedition gehen kann.) Er verlangt von mir, die Spinne in der Becherlupe zu fangen, damit er sie genauer inspizieren kann. Ich lehne aus den oben genannten Gründen ab.

Bevor die „Spider Kill Mission“ beginnt, schicke ich meine Frau und die Tochter aus dem Zimmer. Denn sollte ich die Spinne nicht beim ersten Versuch erwischen, bricht bei den beiden eine Panik aus wie beim Untergang der Titanic. Das will ich tunlichst vermeiden. Der Sohn darf bleiben und assistieren.

Ich schließe die Augen, atme mehrmals tief durch und versuche, mich in einen meditativen Zustand wie Mister Miyagi in „Karate Kid“ zu versetzen, bevor er mit seinen Essstäbchen Fliegen in der Luft fängt. Vielleicht kann ich die Spinne auch mit dem Krähen-Tritt, den er seinem Schützling beibringt, zur Strecke bringen? Da ich Schwierigkeiten habe, das Gleichgewicht auf einem Bein zu halten, breche ich das Vorhaben ab.

Stattdessen lasse ich mir vom Sohn ein Taschentuch holen. Dafür ist er schließlich mein Assistent. Mit dem Tuch nähere ich mich ganz langsam der Spinne. Dann schnellt meine Hand mit der Präzision eines Ninjas, der mit verbundenen Augen auf Flaschenhälsen balanciert, nach vorn und greift nach dem Achtbeiner. Allerdings überschätze ich meine Ninja-Fähigkeiten und verfehle die Spinne. Sie huscht flink hinter den Schrank und ward nicht mehr gesehen.

Das ist ein riesiges Dilemma. Vor Jahren, kurz nachdem wir uns kennenlernten, musste ich meiner Frau hoch und heilig versprechen, sie niemals, aber auch wirklich niemals anzulügen, falls ich eine Spinne nicht gefangen habe. Dies hatte ihr Vater früher regelmäßig gemacht, was für sie zu unschönen Erlebnissen führte, wenn die Spinne kurze Zeit später – häufig nachts – wieder auftauchte. Gebe ich aber zu, dass die Spinne entkommen ist, wird meine Frau das Schlafzimmer nicht mehr betreten. Nie.

Ich greife zu einem rhetorischen Taschenspielertrick. Als ich das Schlafzimmer verlasse, knülle ich das Taschentuch demonstrativ zusammen und erkläre mit fester Stimme: „Die Spinne ist weg!“ Streng genommen – und darauf lege ich Wert – entspricht das der Wahrheit.

Meine Frau ist misstrauisch. Sie beäugt mich kritisch. „Heißt das, du hast sie gefangen?“, will sie mit gerunzelter Stirn wissen. Eine Frage, die meine Wahrheitstreue auf eine harte Probe stellt. „Ich bin dabei“, erwidere ich schließlich mit gespielter Souveränität.

Versuche nun ein philosophisches Gedankenexperiment. Vielleicht handele es sich um Schrödingers Spinne, die gleichzeitig tot und lebendig ist, solange wir nicht nachschauen. Ergo sei sie wenigstens halbtot, und das sei doch ein schöner Teilerfolg. Meine Frau schaut mich an, als hätte ich den Verstand verloren. Meine Vermutung, die Spinne habe sehr wahrscheinlich vor Aufregung einen Herzinfarkt erlitten, überzeugt sie ebenfalls nicht.

Resolut ruft sie: „Die Spinne muss weg!“ Klingt wie auf den Montagsdemos der untergehenden DDR. „Die Mauer muss weg!“ Selbstverständlich sind die beiden Situationen nicht vergleichbar. Dass die Mauer fällt, war damals wesentlich realistischer, als dass ich heute die Spinne fange.

Ich erkläre, der Sohn und ich würden die Spinne mit dem Staubsauger hinter dem Schrank hervorsaugen. Der Sohn ist begeistert, dass wir unsere Expedition fortsetzen. Er holt seine Explorer-Stirnlampe und sagt: „Wir sind richtige Arschälogen.“ Die Spinne denkt wahrscheinlich das gleiche.

Mit dem Staubsauger bewaffnet verschwinden wir im Schlafzimmer und saugen mit dem Rohr-Aufsatz die Spinne auf. Stolz vermelde ich meiner Frau und der Tochter: „Mission accomplished.“ „Was heißt ‚Mission accomplished’?“, fragt der Sohn. „Dass wir die allerbesten Spinnenjäger auf der ganzen Welt sind.“

Die Tochter will wissen, ob die Spinne nicht wieder aus dem Staubsaugerrohr klettern könne. Lachend erwidere ich, ich könnte ein paar Kieselsteine aufsaugen, um die Spinne zu erschlagen, und danach den Staubsaugerbeutel in der Spüle verbrennen. Meine Frau und die Tochter nicken. Sie geben sich erst zufrieden, als ich dieses Vorhaben in die Tat umgesetzt habe.

Nachdem die Asche entsorgt ist, sinniere ich – warum auch immer – dass das Spinnchen möglicherweise ein Baby war, dessen Mama und Geschwister hinter dem Schrank leben. Meine Frau schaut mich mit weit aufgerissenen Augen an. Endgültig von allen guten und schlechten Geistern verlassen fahre ich fort, ich hätte kürzlich in einem Internet-Forum gelesen, jeder Mensch verschlucke im Laufe seines Lebens bis zu zehn Spinnen unbemerkt im Schlaf. Meine Frau ist kreidebleich.

Um es kurz zu machen: Wir schlafen seither auf einer alten Luftmatratze im Wohnzimmer. Meine neue Familien-Aufgabe besteht darin, ab und an frische Klamotten aus dem Kleiderschrank zu holen. Ansonsten haben wir das Schlafzimmer den Spinnen überlassen. Sie fühlen sich sehr wohl.

Kapitel 4:
Der wahnsinnige Kindergeburtstag

„Du gehst mit den Kindern auf die Schatzsuche, ich bereite in der Zwischenzeit die Pizza fürs Abendessen vor." Der Sohn hat morgen Geburtstag, seinen fünften, und meine Frau legt die Aufgabenverteilung für die Feier fest.

Auf Wunsch des Sohns gibt es eine Piratenparty und wir haben eine große Schatzsuche bei uns im Viertel vorbereitet. Die endet auf dem Spielplatz, wo der Schatz versteckt ist. Ein Schuhkarton, den meine Frau schwarz bemalt und mit einem goldenen Totenkopf beklebt hat. Darin befinden sich kleine Tüten, die ich mit Schoko-Goldmünzen, Süßigkeiten und Seifenblasen-Dosen befüllt habe.

Dass ich die Schatzsuche begleiten soll, behagt mir nicht. Zu viel Zeit mit fremden Kindern verbringen, bekommt meinen Nerven nicht. (Zu viel Zeit mit den eigenen Kindern häufig auch nicht.) „Das verfestigt doch nur tradierte Rollenbilder, wenn ich rausgehe und du zum Kochen im Haus bleibst", gebe ich zu bedenken. Meine Frau lässt sich auf keine Gender-Diskussion ein – fremde Kinder sind auch für ihr Nervenkostüm nicht förderlich –, und es bleibt bei den uns zugewiesenen Rollen.

Kindergeburtstagstag. Punkt 15 Uhr erscheinen fünf kleine Piraten bei uns. Stilecht mit Ringelhemden, Kopftüchern und Augenklappen, bewaffnet mit Säbeln und Pistolen. Sie drücken dem Sohn die Geschenke in die Hand, verputzen in Rekordgeschwindigkeit den Piratenkuchen und bauen sich erwartungsfroh an der Wohnungstür auf.

Ein vorlauter rothaariger Junge findet, ich sähe gar nicht wie ein Pirat aus. Die anderen Kinder pflichten ihm bei. Meine Frau meint ebenfalls, ich würde mich bestimmt gut in Ringelhemd und mit Kopftuch machen. Ich gebe ihr zu verstehen, sie könne auch gerne selbst mit den Kindern auf Schatzsuche gehen, wenn ihr mein Outfit nicht gefällt. Sie findet daraufhin, meine aktuelle Aufmachung sei vollkommen ausreichend.

Bevor wir losgehen, norde ich die Kinder ein. Wer sich nicht benehme, müsse bei mir an der Hand laufen. Die Kinder sind mucksmäuschenstill. Der eben noch vorlaute Rothaarige verzieht sein Gesicht und fängt an zu weinen. Ich verspüre einen leichten Druck an meiner Stirn. Als klopfe ein kleiner Mann zart gegen die Innenseite meines Kopfes.

Vor der Haustür lese ich die erste Aufgabe vor: „Geht nach rechts zum Gemüseladen." Alle Kinder stürmen sofort nach links.

Auf meine Frage, ob sie nicht wüssten, wo rechts sei, ernte ich allgemeines Kopfschütteln. „Mit welcher Hand malt ihr denn?", frage ich weiter. Vier Kinder heben die rechte, zwei die linke Hand.

Mein Tipp, rechts sei da, wo der Daumen links ist, hilft auch nicht weiter. Der vorwitzige Rotschopf erzählt, sein Onkel sei Schreiner und habe nur noch einen Daumen, und da könne der gar nicht wissen, wo rechts und links sei. Versichere ihm, der Onkel bekäme das ganz bestimmt auch daumenlos hin.

Ich fordere die Kinder auf, einfach so nach dem Gemüseladen Ausschau zu halten. Als sie losrennen wollen, ermahne ich sie scharf, in Zweierreihen zu gehen. Piraten würden das so machen. Die Kinder schauen skeptisch, dann streiten sie, wer mit wem gehen darf. Mein Kopfdruck nimmt zu. Ich glaube, das Männchen in mir haut inzwischen mit den Fäusten gegen meine Stirnlappen. Ich erlaube den Kindern, in zwei Dreierreihen zu laufen.

Der türkische Gemüsehändler begrüßt uns überschwänglich und verteilt eine Runde Bonbons. Er ist in die Schatzsuche eingeweiht und verliest feierlich die Aufgabe: „Zählt zehn Gemüse- oder Obstsorten auf."

Der rothaarige Knabe zupft an meinem Ärmel. „Ich bin fruktose-intolerant." Erkläre ihm, dass sei nicht schlimm, er müsse das Obst nicht essen, sondern nur aufzählen. Er will trotzdem nicht mitmachen. Ich glaube, ich bin rothaarigenintolerant.

Die Kinder sind nur bedingt obst- und gemüsekundig. Nach Apfel, Birne, Banane, Tomate und Kartoffel wird es zäh. Zum Unmut der Kinder lasse ich Fruchtzwerge nicht gelten. Fruchtgummis und Kartoffelpüree auch nicht.

Einem Jungen und einem Mädchen dauert das Obst- und Gemüseraten zu lange. Sie duellieren sich mit ihren Säbeln. Bevor ich eingreifen kann, fallen sie in die Apfelauslage. Der Gemüsehändler lächelt gequält. Um seine Kinderliebe nicht unnötig zu strapazieren, beschließe ich, dass fünf Obst- und Gemüsesorten vollkommen ausreichend sind.

Auf dem Weg zum Verkehrsgarten, der nächsten Etappe, kommt es zu weiteren Rangeleien. Konfisziere alle Säbel. Das Kopf-Männlein, das ich inzwischen Berthold getauft habe, weil ich einen nervigen Grundschulklassenkameraden dieses Namens hatte, klatscht laut Beifall.

Die Kinder sollen zehn Fortbewegungsmittel aufzählen. Der rothaarige Junge berichtet ungefragt, sein Vater fahre einen 7er BMW mit 12 Zylindern und über 300 PS. Was ich denn für ein Auto habe. „Ich besitze ein weißes Fahrrad." Der Kleine schaut mich an, als hätte ich ihm eröffnet, wie ein Höhlenmensch ohne Strom, fließendes Wasser und Internetanschluss zu leben.

Die anderen Kinder sind mit dem Sammeln der Fortbewegungsmittel beschäftigt. Auto, Fahrrad, Roller, Motorrad, Rollschuhe, Bus und Dreirad sind erst sieben. Da fällt dem Sohn ein, dass er morgens mit dem 101er-Bus fahre und dann in den 245er umsteige. Das seien zwei weitere Fahrzeuge. Das Mädchen steuert bei, sie nehme den M27er und somit hätten sie jetzt zehn Fortbewegungsmittel beisammen.

Berthold startet einen Düsenjet. Deute den zunehmenden Schmerz als Zeichen, nicht mit den Kindern zu diskutieren. Die Aufgabe ist bestanden.

Nächste Station: das Café „Kleines Glück". Unser Stammcafé, wo wir regelmäßig am Wochenende Kaffee trinken und Kuchen essen. Die Besitzerin nimmt uns freudig in

Empfang. Die anderen Gäste schauen irritiert und fürchten eine Ruhestörung durch die lärmenden Mini-Piraten.

Für den nächsten Hinweis müssen die Kinder etwas singen. Eine heftige und lautstarke Debatte entbrennt, welches Lied zum Besten gegeben werden soll. Schließlich einigen sie sich – zum Entsetzen der Gäste – auf „Schnappi". Unverzüglich schmettern die Jungs und Mädchen aus voller Kehle das Lied vom kleinen Krokodil. Berthold spielt Schlagzeug dazu. Am liebsten würde ich einen Cognac bestellen, um es zum Schweigen zu bringen.

Bevor die Kinder von vorne beginnen, verteilt die Kaffeehausbetreiberin schnell wie vereinbart Schokoriegel. Zur Erleichterung der Gäste ziehen wir weiter. Auf dem Weg nach draußen bollert der Rotschopf gegen einen Tisch. Kaffee ergießt sich über Tischdecke, Kuchenteller und Hosenbeine eines älteren Ehepaars. Eine Entschuldigung murmelnd, werfe ich ihnen hastig einen Zwanzig-Euro-Schein für neuen Kaffee und Kuchen sowie die Reinigung der Kleidung zu.

Möglicherweise müssen wir uns zukünftig ein neues Stammcafé suchen.

Nach kurzem Fußmarsch stehen wir vor der Tierhandlung. Mit heiserer Stimme teile ich die nächste Aufgabe mit: „Erkennt acht Tiere, die ihr im Schaufenster seht."

Die Kinder erweisen sich als echte Stadtmenschen: Das Meerschweinchen wird zum Hasen, der Wellensittich zum Papagei, die Spitzmaus zum Hamster. Mein rothaariger Freund erklärt mir, er habe eine Katzenhaarallergie. Mich juckt es auch schon am ganzen Körper. Inzwischen bin ich mir sicher, dass ich gegen rote Haare allergisch bin.

Die Kinder sind enttäuscht, dass die Tiere alle schlafen, und klopfen gegen die Scheibe. Während ich versuche, sie davon abzuhalten, kommt der Besitzer der Tierhandlung aus dem Laden gestürmt und fragt, ob wir noch bei Trost seien und ich die Kinder nicht im Griff habe. Eine durchaus berechtigte Frage, die ich eher bejahen als verneinen würde. Rufe den Kindern zu, die nächste Aufgabe sei ein Wettrennen zur Ampel an der Straßenkreuzung.

Derweil treibt Berthold eine Herde Elefanten durch mein Großhirn und singt dazu – warum auch immer – von der Affenbande und der geklauten Kokosnuss. „Halt deine dumme Fresse!", brülle ich. Die Kinder schauen mich an, als sei ich verrückt geworden. Wahrscheinlich haben sie recht.

Mein linkes Auge zuckt. Ich lasse die Stationen Instrumentenladen, Bäckerei und Blumengeschäft aus und gehe direkt zum Spielplatz. Ich bezweifle ohnehin, dass sich die kleinen Racker mit Instrumenten, Backwaren und Pflanzen auskennen.

Auf dem Spielplatz stürzen sich die Kinder mit Triumphgeheul auf die Schatzkiste, zerfetzen den von meiner Frau so liebevoll gestalteten Karton und balgen sich um die darin befindlichen Beutel. Die Tüte des Rothaarigen platzt und die Seifenlauge ergießt sich über seine Süßigkeiten. Er heult ohrenbetäubend. Der Kopf-Berthold veranstaltet dazu ein Heavy-Metal-Konzert.

Ich nötige den Sohn, die Hälfte seiner Süßigkeiten an den Rotschopf abzutreten. Der findet zwar, dies überstrapaziere seine Gastfreundschaft gewaltig, willigt aber ein, weil er sich vor meinem irren Blick fürchtet.

Während die Kinder zuhause Pizza futtern, mache ich mich auf die Suche nach Kopfschmerztabletten. Ohne Erfolg. Trinke stattdessen eine halbe Flasche vom Fieber- und Schmerzsaft der Kinder.

Beim Abholen umklammert der rothaarige Junge meine Beine. „Das war der tollste Kindergeburtstag aller Zeiten. Nächstes Jahr komme ich wieder." Ich nicke schwach. Mein innerer Berthold spielt einen Tusch.

Kapitel 5:

Tausche Niere gegen Schulmaterial

„Da sind wir wohl etwas spät dran." Meine Frau hat gerade den Brief fertiggelesen, den sie vorhin aus dem Postkasten geholt hat. Er ist von der künftigen Klassenlehrerin des Sohns, der morgen eingeschult wird.

Vor zwei Wochen sind wir umgezogen, so dass uns das Schreiben erst heute per Nachsendeauftrag erreichte. Unter der sperrigen Überschrift „Erstklässler-Schulmaterialien für einen reibungslosen Schulstart" ist detailliert aufgelistet, was vor Beginn des Schuljahres unbedingt zu besorgen ist:

1 kleiner Schreibblock DIN A5
(Lineatur für 1. Klasse)
1 kleiner Rechenblock DIN A5
(Karos für 1. Klasse)
1 transparente Hülle DIN A4
(an 2 Seiten offen)
1 Hausaufgabenmappe
2 Bleistifte (weiche Mine)
3 dicke Dreiecksbuntstifte
(rot, grün und blau)
1 Radiergummi
1 Bleistiftspitzer mit Hülle
2 Lineale
(klein ca. 17 cm, groß ca. 30 cm)

Jaxon Künstlerölkreiden oder
Wachsmalkreiden
1 DIN A3 Sammelmappe für Zeichnungen
2 Malblöcke (DIN A4, DIN A3)
1 Schere
1 Klebestift
1 Block Tonpapier (DIN A4)
1 Päckchen Knete
Transparentpapier, Glanzpapier
1 Malkasten (mit mindestens 12 Farben)
2 Rundpinsel (1 x dünn und 1 x dick, z.B. Nr. 6 und 10)
2 Borstenpinsel (1 x dünn und 1 x dick, z.B. Nr. 6 und 10)
1 Tube Deckweiß
1 Malbecher
1 kleiner Schwamm
1 Malschürze
1 Mallappen
1 Paar Hausschuhe
1 Turnbeutel
1 Sporthose
1 T-Shirt
feste Turnschuhe mit hellen Sohlen
2 Brotdosen (groß für Stullen, klein für Obst und gesunden Snack)
1 Trinkflasche

1 Lenkdrachen

1 Schweizer Taschenmesser (ohne Messer)

1 Heckenschere (ohne Hecke)

1 Shetland-Pony

1 Flugabwehrrakete

Wir haben 24 Stunden Zeit, um alles auf der Liste zu organisieren. Weil meine Frau unaufschiebbare Termine hat, suche ich mit meinem Trekking-Rucksack, mit dem ich nie getrekkt bin, das örtliche Schreibwarenfachgeschäft auf. Dort herrscht Chaos pur. Die Regale sind leergefegt, auf dem Boden liegen vereinzelte Stifte, zerbrochene Lineale und zerknickte Hefte, in der hinteren Ecke steigt Rauch auf. Sieht aus, als hätten schreibwütige Hooligans den Laden geplündert. Kam es gar zu Hamsterkäufen, weil morgen die Zombie-Apokalypse angekündigt ist? Oder konnte Bruce Willis nicht verhindern, dass ein Meteorit in das Geschäft einschlägt?

Ich wende mich an eine Verkäuferin, die dabei ist, ein zertrümmertes Regal wegzuräumen. „Ich benötige ein paar Schulmaterialien", erkläre ich. Die Frau mustert mich von oben bis unten und bricht in schallendes Gelächter aus.

Nachdem sie sich beruhigt hat, fragt sie: „Ihnen ist schon bewusst, dass morgen die Schule wieder anfängt?" Ich überhöre ihren oberlehrerhaften Ton und nicke. „Ja, unser Sohn wird morgen eingeschult."

„Aha", erwidert sie. Dann kramt sie in einer Schublade unter der Kasse einen einzelnen Radiergummi hervor. Das sei ihr letzter. Mit den Worten „Angebot und Nachfrage regeln den Preis“ verkauft sie ihn mir für das Doppelte des üblichen Ladenpreises. Wenigstens kann ich einen Punkt meiner Material-Liste durchstreichen.

Der Schreibwarenladen im nahegelegenen Einkaufszentrum ist ebenfalls fast restlos ausverkauft. Ich ergattere lediglich einen Bleistift – allerdings mit harter statt weicher Mine – sowie eine Sammelmappe mit Eselsohren. Der Verkäufer raunt mir zu, wenn ich auf eine Quittung verzichte, mache er mir einen besseren Preis. Dieser liegt immer noch 453 Prozent über der unverbindlichen Preisempfehlung des Herstellers.

In einem Geschäft für Büroartikel in der Mall sind ausschließlich Lineale übrig. 20 Stück. Ich kaufe sie alle für einen mittleren dreistelligen Betrag und hoffe, sie später als Tauschobjekt einsetzen zu können.

Fahre zu einem Schreibwaren-Shop im Nachbarbezirk. Den Trip hätte ich mir sparen können. Im Schaufenster hängt ein Zettel: „Mache auf unbestimmte Zeit Urlaub an der Côte d'Azur.“ Darunter ist ein sehr breit lachender Smiley gemalt.

Das nächste Geschäft hat zwei Restexemplare karierte Erstklässler-Mathehefte sowie einen Malkasten. Bei dem fehlen die Farben Gelb, Orange, Rot, Grün, Braun, Ocker, Violett, Hellblau, Dunkelblau, Schwarz und Rosa, aber ich kann jetzt nicht kleinlich sein.

Zur Preisfindung konsultiert die Verkäuferin einen Computer, wie man ihn von Börsen-Tradern kennt. Der Preis für Erstklässler-Hefte hat sich seit Anfang der Woche verdreihundertfacht, der von Malkästen ist um das Tausendvierhundertfache gestiegen.

Auf der Straße spricht mich eine Frau mit Sonnenbrille und langem Trenchcoat an. Sie flüstert, ich solle ihr unauffällig in die nächste Seitenstraße folgen. Sie schaut sich hektisch um, ob uns niemand beobachtet. Dann zieht sie aus ihrem Mantel einen Klebestift hervor und hält ihn mir vor die Nase.

Mit größter Selbstbeherrschung versuche ich, das Leuchten in meinen Augen zu unterdrücken. Ich deute an, unter Umständen könnte ich Interesse an dem Klebestift haben. Als Gegenleistung biete ich ihr zwei Lineale an. Sie lacht höhnisch, spuckt mir vor die Füße und fragt, ob ich sie, ihre Familie und insbesondere ihre Mutter – Gott habe sie selig – mit diesem Angebot beleidigen wolle. Dies sei der letzte Klebestift in ganz Berlin-Brandenburg. Sie will einen Betrag haben, für den ich das neueste iPhone kaufen könnte.

Ein unverschämtes, vollkommen inakzeptables Angebot. Bevor ich ablehnen kann, sehe ich vor meinem inneren Auge, wie die Klassenlehrerin, die erstaunliche Ähnlichkeit mit Frau Mahlzahn aus „Jim Knopf" aufweist, den Sohn anherrscht, wo sein Klebestift sei. Der stößt schluchzend hervor, sein Vater habe die Schulmaterialien nicht rechtzeitig besorgt und sei dann zu geizig gewesen, einen marktüblichen Preis für das Teil zu bezahlen.

Willige wohl oder übel in den Deal ein. Am nächsten Geldautomaten hebe ich die geforderte Summe ab. In alarmierendem Rot zeigt mir der Bildschirm an, wie sehr unser Konto überzogen ist. Mir wird schwindelig.

Während die Frau die Geldscheine zählt, gibt sie mir den Tipp, am S-Bahnhof Warschauer Straße verkaufe ein Mann Buntstifte. Ich solle ihn aber nicht mit der Zigaretten-Mafia verwechseln, die dort ebenfalls ihre Waren feilbietet.

Der Buntstift-Dealer an der Warschauer hat noch Magenta, Mintgrün und Mausgrau im Angebot. Nehme die drei Farben, handele ihn auf 170 Euro runter und lege drei meiner Lineale drauf.

Will bei der Bank neues Bares abheben. Der Automat lacht hysterisch und verweigert die Geldausgabe.

Rufe meinen Vater an und teile ihm mit, er möge mir mein Erbe vorzeitig auszahlen. Sofort. Den Betrag solle er mit Western Union zu einem kleinen türkischen Kiosk in Friedrichshain transferieren. Als ich ihm die Adresse diktiere, ist die Leitung plötzlich tot.

Um mein Cash-Flow-Problem anderweitig zu lösen, kontaktiere ich unseren Bankberater. Ich frage nach einem zinsgünstigen Kleinkredit. „Da kann ich leider nichts machen", entschuldigt er sich. In der Woche vor Schuljahresbeginn höben alle Eltern so viel Geld ab, dass das deutsche Bankenwesen nur durch Notkredite der Europäischen Zentralbank aufrechterhalten werden könne. Er habe aber einen angeheirateten bulgarischen Schwipp-Schwager, der in Teltow eine private Kreditvermittlung betreibe. Der helfe bestimmt gerne weiter.

In einem heruntergekommenen Hinterhaus in Teltow leiht mir ein zwielichtiger Typ namens Ilian 3.000 Euro. Zu einem Wochenzins von 43 Prozent. Als ich ihm sage, ich benötigte das Geld für Schuleinkäufe, hat er Mitleid und senkt den Zinssatz auf 42,75 Prozent.

Ilian hat einen Sohn in der vierten Klasse und kennt das Problem. Schenke ihm eines meiner Lineale, das er mit Tränen der Dankbarkeit annimmt. Zum Abschied erzählt er, in Marzahn fände ab 20 Uhr ein Schulmaterial-Schwarzmarkt statt, da könnte ich mein Glück versuchen.

Unweit des S-Bahnhofs sind auf einer großen Brache mehrere improvisierte Verkaufsstände aufgebaut. Nachdem ich einen Bruchteil der restlichen Posten von meiner Liste erstanden habe, sind die drei Riesen von Ilian weg. Besorge die Utensilien mittels warenbasierten Tauschhandels.

Kurz nach Mitternacht bin ich zu Hause. „Wo warst du denn so lange?“, fragt meine Frau in einer Mischung aus Sorge und Verärgerung. Erkläre ihr, ich musste zu Fuß von Marzahn nach Moabit laufen, weil ich meine ÖPNV-Jahreskarte gegen zwei Brotdosen und eine Trinkflasche eingetauscht habe. „Du hättest wenigstens anrufen können“, erwidert sie vorwurfsvoll. Entgegne beschwichtigend, das sei nicht möglich gewesen, da ein geschäftstüchtiger Schwabe im Besitz meines Handys sei, von dem ich dafür Sportkleidung, -schuhe und -beutel bekommen hätte.

Meine Frau schüttelt missbilligend den Kopf. Wahrscheinlich ist jetzt nicht der richtige Zeitpunkt, ihr mitzuteilen, dass ich morgen nach der Einschulung nicht am gemeinsamen Familienessen teilnehmen kann. Da bekomme ich eine Niere entnommen, die ich für Pinsel, Kreide, Knete und Bastelpapier verkauft habe. Ein guter Tausch, denke ich. Außerdem sparen wir so die Kosten für ein Essen. Bei unserer angespannten finanziellen Situation ist das sehr zu begrüßen. Findet unser Bankberater auch.

Kapitel 6:

Der erste Schultag. Sponsored by Tempo

„Oh, mein Baby. Mein süßes, kleines Baby." Meine Frau sitzt morgens auf dem Sofa und schaut sich mit tränenverschleierten Augen alte Babyfotos des Sohns an. Der wird heute eingeschult.

Ein Ereignis, auf das sich der Sohn seit Wochen freut. Weil er dann kein Kitakind mehr ist, sondern ein Schulkind, also groß. Außerdem erwartet er eine Schultüte von der Größe eines LKW, die bis zum Rand mit Süßigkeiten und Spielsachen gefüllt ist.

Meine Frau ist ein vernunftgesteuerter Mensch mit scharfem Intellekt und neigt nicht zu irrationalen Gefühlsausbrüchen. Die bevorstehende Einschulung verkraftet sie allerdings nur so mittel. Beim Frühstück ist ihre Gefühlslage äußerst fragil. „Die Tochter ist schon in der vierten Klasse, heute wird der Sohn eingeschult, dann machen beide Abitur und ehe wir uns versehen, ziehen sie zum Studium ganz weit weg", lamentiert sie. „Und wir sitzen allein und deprimiert in der Wohnung wie zwei Erbsen im Karton."

Ich frage mich, ob Erbsen deprimiert sein können und vor allem, warum meine Frau die Aussicht, mit mir allein das Alter zu verbringen, in eine Depression stürzt. Jedoch befindet sie sich gegenwärtig nicht in einer Verfassung, dies auf eine konstruktive und für alle befriedigende Weise zu diskutieren. Stattdessen scheint mir jetzt der optimale Zeitpunkt zu sein, die Wohnung zu verlassen, um den Inhalt für die Schultüte zu besorgen.

Im Supermarkt werfe ich einen Blick auf den Einkaufszettel, den mir meine Frau in die Hand gedrückt hat. Er hat die Ausmaße einer Tapetenrolle. Schokolade, Schokoriegel, Kaugummis, Gummibärchen, Chips, Chocolate Cookies, Sahne-Toffees, Schokobons, Waffeln, Kaubonbons, Lutscher, Schoko-Linsen, Kekse. Im Prinzip alles, was die Süßwarenabteilung zu bieten hat. Vielleicht erfüllt sich der Wunsch des Sohns einer LKW-großen Schultüte doch.

Ich rufe meine Frau an. „Ist das nicht ein wenig viel?", will ich von ihr wissen. Sie erwidert, das sei doch gar nicht alles für die Schultüte, sondern ihre Nervennahrung, und das sei ja wohl das Mindeste, wo ihr Baby doch eingeschult wird. Ob ich sie eigentlich überhaupt nicht unterstützen wolle, fragt sie dann, oder ob ich sie etwa zu dick fände.

Im Bruchteil einer Hundertstelsekunde antworte ich: „Selbstverständlich nicht." Das hast du nach über zehn Jahren in einer Paarbeziehung drauf. Auf bestimmte Fragen deiner Partnerin antwortest du ganz automatisch, ohne weiter nachzudenken.

„Bin ich zu dick?" – „Nein!"

„Gefällt dir meine neue Frisur?" – „Ja!"

„Wie findest du meine neue Hose?" – „Ganz wunderbar!"

Die Antworten steuert nicht das Sprachzentrum, sondern ein in der DNA eingebrannter Ur-Instink, der schon den frühen Homo sapiens vor Gefahren durch Mammuts oder Säbelzahntiger warnte.

Ich beende das Telefonat, lege noch zwei weitere Tafeln Schokolade in den Einkaufswagen sowie einen Entspannungstee. Und außerdem eine Familienpackung Taschentücher. Sicher ist sicher.

Zuhause finde ich meine Frau im Schlafzimmer. Sie weint in ihr Kopfkissen. Der Sohn hatte sich geweigert, sich von ihr anziehen zu lassen. Er sei doch ein großes Schulkind und da kleide man sich selbst an. Ich versorge meine Frau mit einem Päckchen Taschentücher.

Im Laufe des Vormittags kommt es zu zwei weiteren Beinahe-Zusammenbrüchen ihrerseits. Zunächst besteht der Sohn darauf, seine Cornflakes zu machen, weil er kein Baby mehr sei und das allein könne. Später erklärt die Tochter, sie müsse nur noch ein Jahr auf die Grundschule gehen, bis sie aufs Gymnasium komme, und dann sei sie richtig groß. Das war zu viel für meine Frau. Die Anschaffung der Familienpackung Tempos hat sich jetzt schon bezahlt gemacht.

Nach einer Stunde fühlt sich meine Frau emotional in der Lage, der Einschulungszeremonie beizuwohnen. Vermutlich sind ihre Tränenkanäle inzwischen leer geweint.

Die Blockflöten-AG eröffnet die Einschulungs-Feierlichkeiten in der Aula. Zwölf Kinder bearbeiten mit sehr viel Enthusiasmus und ausbaufähigem Talent ihre Instrumente. Die kleinen Musikanten piepsen und fiepsen sich begeistert durch das Stück. Klingt wie eine Acid-Jazz-Aufführung. Oder wie eine dadaistische Kunst-Performance. Bei meiner Frau lösen die Flötenklänge eine weitere Hormonausschüttung aus, sie schluchzt während des gesamten Lieds. Reiche ihr fürsorglich die nächsten Taschentücher.

Der Schulleiter ergreift das Wort. Er ist schon ein wenig älter. Mit seinen krausen grauen Haaren und dem ebenso krausen grauen Vollbart hat er frappierende Ähnlichkeit mit dem West-Sandmännchen. Passenderweise hat seine Ansprache eine leicht einschläfernde Wirkung auf mich. Heute starte eine neue Etappe für die kleinen ABC-Schützen. Sie seien keine Kindergartenkinder mehr, sondern Grundschüler. Meine Frau schnieft. Zwar begänne nicht der Ernst des Lebens, das dürfe man ja nicht mehr sagen, aber nun komme eine Zeit des Lernens und des Wachsens und der Selbstständigkeit. Ein neuer Schritt im Abnabelungsprozess der Kinder von ihren Eltern, und das sei auch gut so. Nicht nur meine Frau, auch viele andere Mütter in der Aula ringen merklich um Fassung.

Als Nächstes führt die 2a ein Theaterstück auf. Ihre Lehrerin verkündet vorab stolz, die Kinder hätten das Stück selbst geschrieben. Das erklärt womöglich, warum die Handlung einige logische Brüche aufweist, die Dialoge aus Drei-Wort-Sätzen bestehen, wie man sie von „Bobo Siebenschläfer" kennt, und der dramaturgische Spannungsbogen ein wenig zu wünschen übrig lässt. Es geht um Schule, Lehrer, Einhörner und Elfen. Glaube ich zumindest. Die Zweitklässler haben sich anscheinend vom avantgardistischen Experimental-

Theater inspirieren lassen. Fehlt nur noch, dass sich die Kinder mit Kunstblut überschütten.

Meine Frau ist dennoch zu Tränen gerührt und verbraucht das nächste Paket Tempos. Nach quälend langen 30 Minuten ist die Aufführung vorbei. Die Eltern geben Standing Ovations. Zumindest die Eltern der 2a.

Nun stellt der Schulleiter die Klassenlehrerinnen vor und teilt die Kinder in Gruppen ein. Der Sohn ist inzwischen nicht mehr ganz so überzeugt von dem Konzept des großen Schulkinds. Als sein Name aufgerufen wird, weint er bitterlich und schleicht schluchzend zu seiner Klassenlehrerin Frau Rinther. Ich versuche, meine Frau zu beruhigen, deren Heulen eines altägyptischen Klageweibs würdig ist und den Sohn noch übertönt.

Schließlich gehen die Erstklässlerinnen und Erstklässler zum ersten Mal in ihre Räume. Der immer noch weinende Sohn läuft an der Hand von Frau Rinther, die ihm gut zuredet. In einem Anflug von geistiger Umnachtung raune ich meiner Frau zu, er schaue aus wie ein Lämmchen auf dem Weg zur Schlachtbank. Nur mit Mühe kann ich sie abhalten, der Lehrerin den Sohn zu entreißen.

Eine Stunde später kommen die Neu-Schülerinnen und -Schüler zurück. Der Sohn strahlt übers ganze Gesicht. Mit dem Brustton der Überzeugung erklärt er, Frau Rinther sei die tollste Lehrerin der Welt. Außerdem habe er schon einen besten Freund. Johann. Der säße neben ihm und hätte auch so einen coolen Monster-Roboter-Ranzen wie er. Jetzt wolle er nach Hause und endlich die Süßigkeiten aus der Schultüte essen.

Auf dem Heimweg greife ich nach der Hand des Sohns. Der zieht sie sofort weg und belehrt mich in erwachsenem Ton, ein großes Schulkind laufe nicht an der Hand. Just in diesem Moment fliegt mir etwas ins Auge. Anders kann ich mir nicht erklären, dass plötzlich Tränen meine Wangen hinunterfließen. In monsunartigen Sturzbächen. Das hört gar nicht mehr auf.

Hoffentlich hat meine Frau mir wenigstens ein Taschentuch übrig gelassen.

Kapitel 7:
Ja, wo laufen sie denn?
Oder: Der ruinöse Friedenslauf

„Dürfen wir beim Friedenslauf mitmachen?" Ich komme von der Arbeit nach Hause, als mich Tochter und Sohn mit dieser Frage empfangen und erwartungsvoll anschauen. Körperliche Ertüchtigung ist ja schon in jungen Jahren zu begrüßen, und gegen Frieden ist auch nichts einzuwenden. (Menschen, die ihr Geld mit der Produktion von Panzern und Sturmgewehren verdienen, sehen das möglicherweise anders.) Daher nicke ich zustimmend.

Meine Reaktion löst Jubelstürme bei den Kindern aus. Dann eröffnen sie mir, ich müsste ihr Sponsor werden. Wenn ich dafür bezahlen soll, hört sich das Friedenskonzept schon nicht mehr ganz so attraktiv an. Für wen das gesammelte Geld denn bestimmt sei, will ich wissen. Beide zucken mit den Achseln. So genau wüssten sie das nicht, es sei halt für den Frieden.

Da du nicht gegen ein Friedens-Fundraising sein kannst, ohne als herzloser Geizkragen zu gelten, willige ich ein. Nun muss ich einen Betrag in ihre Spendenkarten eintragen, den ich für jede ihrer absolvierten Runden berappen muss. Da die Strecke 1,2 Kilometer beträgt, notiere ich jeweils großzügig zehn Euro. In Abschätzung der Leistungsfähigkeit der Kinder sollte dies eine Spende von insgesamt 20 Euro bedeuten. Das ist mir der Weltfrieden wert.

Nach diesem ersten Coup telefonieren die Tochter und der Sohn die Verwandtschaft ab. Mit der Hartnäckigkeit und Penetranz von Strukturvertrieblern, die Carsten Maschmeyer höchstpersönlich geschult hat, treiben sie weitere Spenden ein. Durch Verweis auf die Großzügigkeit ihres Vaters – also mir – füllen sie ihre Karten mit zusätzlichen Fünf- bis Zehn-Euro-Beträgen. Sie gewinnen auch noch meine Frau als Sponsorin, der sie mit besorgniserregender Verschlagenheit verschweigen, dass ich bereits eine Spende zugesagt habe.

Beim Abendessen teilt mir der Sohn beiläufig mit, ich müsste ihn morgen begleiten. Als Erstklässler dürfe er nicht allein teilnehmen. Schöne Aussichten. Den Vormittag mit einer Horde Schulkinder zu verbringen, erscheint mir ähnlich attraktiv, wie mit den Klitschkos für einen Bare-Knuckle-Fight in den Ring zu steigen. Ich werde den Weltfrieden nicht nur mit meinem Geld, sondern vor allem mit meinen Nerven bezahlen.

Nächster Tag. Die Kinder und ich erscheinen pünktlich um 9.30 Uhr im Tiergarten, wo die Veranstaltung stattfindet. Ich schlage dem Sohn vor, ich könne mit ihm laufen. Mit einer abschätzigen Handbewegung lehnt er ab. Auch die Tochter weist mein freundliches Angebot augenrollend zurück. „Das wär total peinlich, Papa!" Schönen Dank auch.

Der Startschuss ertönt. Die Tochter trabt mit sechs Klassenkameradinnen in gemächlichem Tempo los. Sie tauschen sich in aller Ruhe über den neuesten Klatsch und Tratsch aus. Der Sohn spurtet dagegen in einer Usain-Boltwürdigen Geschwindigkeit los. Rufe ihm hinterher, die Runde sei lang und er solle langsam machen, aber da ist er schon längst außer Hörweite.

Ich stelle mich am Ende des Kurses hin, wo die Läuferinnen und Läufer für jede Runde einen Stempel bekommen. Dort kann ich die Kinder gleich in Empfang nehmen und dann mit ihnen nach Hause gehen. Nach ein paar Minuten rennt der Sohn um die Kurve und an mir vorbei. Ich frage ihn, ob er wirklich noch genügend Puste für eine zweite Runde habe. Er winkt verächtlich ab und holt sich seinen ersten Stempel.

Die Tochter taucht auf. Sie ist nur noch mit fünf Mädchen unterwegs. Sie diskutieren angeregt das Finale von „Germany's next Topmodel" und begeben sich frohgemut auf die nächste Runde.

Da erscheint schon wieder der Sohn. Ich erkläre ihm, für einen Erstklässler sei es keine Schande, nach zwei Runden aufzuhören. Er schüttelt den Kopf und ruft, er laufe doch für den Frieden. Mir kommt der Gedanke, dass er vor allem gegen meinen Geldbeutel läuft.

Die Gruppe der Tochter ist auf vier Läuferinnen geschrumpft. Während sie sich abstempeln lassen, unterhalten sie sich über „The Voice Kids" und dass es doch toll wäre, da mal mitzumachen. Eigentlich stehe ich solchen Casting-Shows skeptisch gegenüber. Da meine Spende für den Weltfrieden aber größer ausfällt als ursprünglich gedacht, finde ich eine Fernsehkarriere der Kinder, aus der wir Eltern einen finanziellen Vorteil schlagen könnten, nicht mehr ganz so verwerflich.

Der Sohn rennt rhythmischer und ausdauernder als der Duracell-Hase an mir vorbei und reckt dem Stempelmann seinen Arm entgegen. Ich möchte mich nach seinem Wohlbefinden erkundigen, aber sein weiterhin erstaunlich schnelles Tempo verhindert eine gepflegte Unterhaltung.

Die Laufgruppe der Tochter besteht nur noch aus drei Personen. Leider hat nicht sie den Lauf beendet. Ich verfluche meinen naiven Leichtsinn, der mich zu dem unnötig hohen Spendenbetrag hat hinreißen lassen. Was nützt es dem Weltfrieden, wenn wir pleite sind? Ich google „Die besten Rezepte mit Ketchup und Toastbrot".

Ein Kondensstreifen zischt vorbei. Anhand der blonden Locken identifiziere ich ihn als den Sohn, der sich einen weiteren Stempel abholt. Mit etwas Verzögerung erscheint die Tochter, die mittlerweile nur noch mit einer Freundin läuft. Sie reden über den süßen Jannis aus der Fünften.

Um den ins Uferlose steigenden Spendenbetrag einzudämmen, versuche ich den Stempelmann davon zu überzeugen, nur noch jeden zweiten Durchlauf meiner Kinder zu dokumentieren. Er erweist sich als prinzipientreuer Kleingeist und lehnt ab. Selbst als ich ihm fünf Euro für jeden ausgelassenen Stempel anbiete.

In der Ferne ist schon wieder der Sohn zu sehen. Er macht keinerlei Anstalten, den Lauf zu beenden. Mit raumgreifenden Schritten wie ein olympischer Marathonläufer biegt er in die nächste Runde ein. Ich halte hektisch nach leeren Pfandflaschen Ausschau.

Die Tochter taucht auf. Sie ist mit ihrer Freundin über den süßen Jannis in Streit geraten und läuft nur noch allein. Wutschnaubend lässt sie sich ein letztes Mal abstempeln, dann bricht sie den für sie nicht mehr ganz so friedlichen Lauf ab. Ich begrüße das sehr.

Der Sohn verfügt über das Lungenvolumen und die Ausdauerfähigkeit eines Rennpferdes. Er absolviert Runde um Runde, bis der Stempelmann Schwierigkeiten hat, eine freie Stelle auf seinem Arm zu finden. Nach anderthalb Stunden beendet er den Lauf. Jetzt habe er genug Geld für den Frieden gesammelt. Ich weine vor Rührung.

Im Kopf rechne ich nach, wie hoch unsere Spende ist, scheitere aber an den großen Zahlen. Die Schulleiterin kommt zu mir und bedankt sich überschwänglich. Aufgrund ihrer tollen Laufleistungen und unserer großzügigen Sponsoringbeträge hätten die Tochter und der Sohn die größte Spende aller Berliner Schulen erlaufen. Nicht nur heute, sondern aller Zeiten.

Angesichts der hohen Summe wäre es wohl besser, den Kindern das Geld nicht mit in die Schule zu geben, sondern zu überwiesen. Meine Bitte, die Spendensumme in Raten zu zahlen, lehnt sie barsch ab. Bei Geld hört der Frieden auf.

Kapitel 8:

Von einem, der auszog, die Weihnachtsdeko zu holen

„Die Kiste mit dem Weihnachtsschmuck müsste mal aus dem Keller geholt werden." Meine Frau spricht diesen Satz beim Frühstück beiläufig aus. Menschen in langjährigen Beziehungen kennen diese Art des Formulierens: der Delegativ. Dieser beschreibt Aufgaben, die dein Partner oder deine Partnerin erledigen soll, die du – aus welchen Gründen auch immer – nicht selbst übernehmen möchtest. Zum Beispiel Müll runterbringen. „Der Müll müsste mal runtergebracht werden." Blumengießen, Altglasentsorgung und Fensterputzen sind ebenfalls beliebte Delegativ-Themen.

Zur Wahrung des partnerschaftlichen Friedens darfst du den Delegativ auf keinen Fall aktiv formulieren. „Du musst den Müll runterbringen." Das ist Gift für die traute Zweisamkeit. Da gibt es Widerspruch, dann Streit und schließlich Tränen. Dagegen bietet der Delegativ die Möglichkeit, die Aufgabe quasi aus freien Stücken zu erledigen. Das erfüllt die Partnerschaft mit Harmonie, Frieden und Eintracht.

Meine Frau benutzt den Delegativ, wenn sie Sachen aus dem Keller benötigt. Weil es dort Spinnen gibt. Viele Spinnen. Und große Spinnen. Und viele große Spinnen. Und meine Frau ekelt sich ganz fürchterlich vor Spinnen.

Ich gehe auch nur ungern in den Keller. Wir wohnen in einem Haus, das vor dem Ersten Weltkrieg erbaut wurde.

Der Weg in die Katakomben des Altbaus ist beschwerlich, unten riecht es modrig-muffig und obendrein hält sich dort außerordentlich viel Ungeziefer auf. Alles sehr gute Gründe, den Keller zu meiden. Deswegen suche ich ihn nur zwei Mal im Jahr auf: Im Spätherbst lagere ich mein Fahrrad ein und hole die Weihnachtsdekoration hoch, im Frühjahr tausche ich den Christschmuck wieder gegen den Drahtesel aus.

Als guter Ehemann komme ich der delegativischen Bitte meiner Frau nach. Der Sohn kommt mit. Er ist sieben und der Einzige in der Familie, der mit Freude in den Keller geht. Er hofft, dass wir einen Schatz finden. Oder ein Skelett. Seit letzten Winter eine tote Ratte vor unserem Kellerverschlag lag, ist mein Bedarf diesbezüglich gedeckt.

Mit einer Mischung aus Neid und Verachtung schaue ich in den Kellerraum neben unserem. Der ist befremdlich penibel aufgeräumt. Wesentlich ordentlicher als unser Wohnzimmer. Wobei die Messlatte da nicht allzu hoch liegt. (Eltern mit jungen Kindern wissen, wovon ich schreibe.) In mehreren Regalen sind verschiedene Kisten akkurat verstaut, zusätzlich gibt es eine Werkbank, und in einer kleinen Kommode werden Nägel, Schrauben und Dübel aufbewahrt. Darüber hängt an der Wand Werkzeug. Hammer, Säge, Bohrmaschine und Co. Alles fein säuberlich.

Ich besitze nur sehr wenig Werkzeug. Das meiste hat mir mein Vater geschenkt. Wenn er zu Besuch kommt, ist er immer begeistert, wie pfleglich ich damit umgehe. Selbst nach Jahren sieht es aus wie neu.

Der Verschlag auf der anderen Seite ist ebenfalls ein Kuriosum. Dort steht eine einzige Kiste mitten auf dem Boden. Sonst nichts. Gar nichts. Der Sohn fragt, ob die Nachbarn keine Sachen hätten.

Ich erkläre, sie litten an einer psychischen Zwangsstörung. Deswegen entsorgen sie unnütze Dinge unverzüglich, anstatt sie wie normale Menschen in den Keller zu stopfen und bis zum nächsten Umzug zu vergessen. Der Sohn schaut in unseren Kellerraum und ist erleichtert, dass wir diese Krankheit nicht haben.

Unser Keller ist die Anti-These der beiden Nachbarräume. Weder penibel-ordentlich noch minimalistisch-leer. Sondern bis zur Decke vollgemüllt mit Ramsch. Selbst versierte Chaostheoretiker sind nicht in der Lage, in der Anordnung der alten Möbelstücke, vollgestopften Kartons und prallen Müllsäcke ein System auszumachen.

Um unseren Verschlag zu betreten, räume ich einen ausrangierten Kinderstuhl, einen Tapeziertisch und ein sperriges Puppenhaus beiseite. Dann erwarten mich viele Kisten. Sehr viele. Unzählig viele. Alle unbeschriftet. Natürlich. Jedes Jahr muss ich in jede einzelne schauen, bevor ich in der letzten die Weihnachtsdekoration finde. Es ist vollkommen egal, in welcher Reihenfolge ich sie öffne. Der Weihnachtsschmuck ist immer in der letzten Kiste.

Im schummrigen Licht mache ich mich am ersten Karton zu schaffen. Er enthält Kinderklamotten, die sich beim Kita-Flohmarkt als unverkäuflich erwiesen hatten. Ich frage mich, wie sie in die Kiste gekommen sind und diese wiederum hier unten gelandet ist. Und warum sie immer noch da ist, wo unsere Kinder doch schon längst nicht mehr in die Kita gehen.

Derweil entdeckt der Sohn in einer Tüte seine alten Dinosaurier-Figuren. Empört stellt er mich zur Rede. Ich hätte ihm doch vor ein paar Jahren erzählt, die Dinos seien in ein fernes Land vor unserer Zeit ausgewandert. Ich erwidere, dies sei korrekt, sie machten lediglich Urlaub im Keller. Maulend sucht der Sohn weiter nach einem möglichen Schatz.

Nächste Kiste. Unterlagen und Bücher aus meinem Studium, darunter eine Einführung in Theorien zur gesellschaftlichen Konstruktion von Wirklichkeit. Das hilft mir nicht weiter, denn die Unordnung hier ist sehr real.

In einer Schachtel kommen halbleere Lackdosen sowie einige Kanister mit Terpentin zum Vorschein. Benebelt von den ausströmenden Dünsten erfreue ich mich an den rosafarbenen Elefanten, die schwungvoll Cha-Cha-Cha tanzen. Murmele halblaut, das sei besser als Kiffen. Der Sohn will wissen, was Kiffen ist. Statt einer Antwort gebe ich ihm sein altes Laufrad. Begeistert fährt er den Gang auf und ab.

Der folgende Karton bringt etwas Undefinierbares zutage. Was auch immer es ursprünglich war ist so oft feucht und wieder trocken geworden, bis es zu einer neuen, pelzigen Lebensform mutierte. Ich bilde mir ein, dass mich das Ding anknurrt. (Könnten aber auch Nachwirkungen der Lösungsmittelausdünstungen sein.)

Nach 45 Minuten bin ich bei der letzten Kiste angekommen. Ein pausbäckiger Weihnachtsengel lacht mich an. Ein pausbäckiger Weihnachtsengel mit abgebrochenem Flügel, um genau zu sein. Ich erinnere mich an die Worte meiner Frau letztes Jahr. „Der Engel müsste geklebt werden, bevor er in die Kiste kommt." Zu meiner eigenen Überraschung hatte ich erwidert, ich kümmere mich darum. Zur Vermeidung unschöner Diskussionen, die die vorweihnachtliche Stimmung trüben würden, stopfe ich den Engel in die Box mit der mutierten Lebensform. Sie begrüßt den neuen Gast schnurrend.

Dann schnappe ich mir den Weihnachtskarton und wir gehen zurück in die Wohnung. Der Sohn ist ein bisschen enttäuscht, dass wir keinen Schatz gefunden haben.

Oben angekommen fragt meine Frau, ob wir an den Christbaumständer gedacht hätten. Ich verneine und erkläre, dass wir dieses Jahr keinen Weihnachtsbaum haben werden, denn ich ginge ja erst wieder im März in den Keller. Meine Argumentation überzeugt sie nicht und ich muss wohl oder übel noch einmal hinunter. Irgendwo habe ich den Ständer eben gesehen. Hinter dem alten Liegestuhl? Oder neben der kaputten Stehlampe? Oder doch unter dem ausrangierten Drucker?

Der Keller müsste definitiv mal aufgeräumt werden. Im Frühjahr. Vielleicht.

Kapitel 9:

Der kolossale Kinobesuch

„Der neue Fünf-Freunde-Film läuft im Kino." Der Sohn versorgt mich mit dieser Information, als ich ihm gerade gute Nacht sage.

Die Tochter und der Sohn lieben die „Fünf Freunde". Die Bücher, aber vor allem die Filme. Mit Julian, George, Dick, Anne und Timmy, dem Hund. Ich teile ihre Begeisterung nicht. Vor allem nicht für die Filme. Wenn ich schlecht schauspielernde Kinder sehen möchte, gehe ich zu Grundschultheateraufführungen. Ohne dafür bezahlen zu müssen.

Der Sohn erklärt, er wolle sich den Film am Samstag mit seinen beiden besten Freunden anschauen. Er habe von Weihnachten noch den Gutschein für zwei Kinokarten, davon lade er sie ein. Ich weise ihn darauf hin, dass dann für ihn keine Karte mehr übrig sei.

Der Sohn schaut mich stirnrunzelnd an und denkt scharf nach. Schließlich leuchten seine Augen auf. Ich solle seine Karte kaufen. Da er seinen Gutschein an seine Freunde abgibt, wäre es nur recht und billig, dass ich ihn einlade. Mir erschließt sich diese Argumentation nicht vollumfänglich, aber weil ich nicht als pfennigfuchsender Geizkragen dastehen möchte, willige ich ein.

Samstagnachmittag. Der Sohn und ich warten vor dem Kino. Die Freunde werden von ihren Eltern abgeliefert, die mir viel Glück wünschen, bevor sie sich eilig aus dem Staub machen, um ihren kinderlosen Nachmittag in vollen Zügen zu genießen.

Im Eingangsbereich des Lichtspielhauses verkauft der ältliche Besitzer Eintrittskarten, Knabberzeug und Getränke. Sein Enthusiasmus ist ausbaufähig.

Zunächst bestelle ich die Tickets. Drei Kinder, ein Erwachsener. Für eine Kinderermäßigung habe ich bedauerlicherweise zu viel Bart, für einen Seniorenrabatt zu wenig graues Haar. Ich verkünde den Jungs, sie könnten sich ein Getränk und eine Süßigkeit aussuchen, was diese mit ekstatischem Jubel quittieren.

Einer der Freunde will eine Cola. Ich lehne ab. Da sei Koffein drin und das sei nichts für Kinder. Er erwidert, bei seinen Eltern dürfe er aber Cola trinken. Das sei mir egal, entgegne ich, bei mir nicht. Er schaut missmutig. Hätte er meine restriktive Einstellung bezüglich koffeinhaltiger Kaltgetränke gekannt, hätte er möglicherweise auf den Kinobesuch verzichtet.

Stattdessen entscheidet er sich für Fanta und Eis. Ich schreite erneut ein, da er sich mit dem Eis seine Klamotten einsauen werde. Seinem verächtlichen Gesichtsausdruck entnehme ich, dass er mich für einen humorbefreiten Spießer hält, gegen den Fräulein Prysselius aus „Pippi Langstrumpf" eine Spaßbombe ist. Als Geste des guten Willens erlaube ich eine Tüte Chips.

Inzwischen hat sich hinter uns eine kleine Schlange gebildet. Unser kulinarischer Entscheidungsfindungsprozess wird amüsiert beobachtet, der Kino-Mann wirkt dagegen etwas angespannt.

Der andere Freund fragt, ob das Popcorn Erdnüsse enthält. Ich erkläre, Popcorn bestünde aus Mais. Er verzieht das Gesicht, denn er hasst Mais. Danach will er wissen, ob in den Choco Crossies Erdnüsse sind („Nein.“) oder im Mars-Riegel („Nein.“) oder in den Gummibärchen („Ebenfalls nein.“). Ich frage ihn, ob er allergisch gegen Erdnüsse sei. Er schüttelt den Kopf. Im Gegenteil, er möchte gerne etwas mit Erdnüssen haben. Schlage eine Tüte Erdnüsse vor. Er lehnt ab. Es müsse Schokolade mit dabei sein. Die Erdnuss-M&Ms treffen schließlich auf seine Zustimmung. Als Getränk nimmt er stilles Wasser, das nicht zu kalt und nicht zu warm sein darf.

Die Schlange ist derweil deutlich länger geworden. Die Wartenden sind nicht mehr ganz so belustigt. Der Kinobesitzer schwitzt und knurrt etwas Unverständliches.

Der Sohn wählt erfreulich schnell eine Apfelsaft-Schorle aus. Danach bestellt er zielstrebig eine Rolle Fruchtdrops, wechselt zu einem Päckchen Nic Nac's, hadert mit seiner Entscheidung, möchte lieber Schoko-Kekse, favorisiert dann eine Tüte Gummibärchen, bevor er mit einer Portion Nachos liebäugelt, wägt nochmal kurz ab, tendiert nun zu Erdnuss-Flips und landet endlich bei Popcorn.

Der Unmut der Wartenden ist in unverhohlenen Hass umgeschlagen. In der Schlange herrscht Übereinstimmung, ich sei ein unfähiger Vollidiot, dem man keine Kinder anvertrauen sollte.

Der Kinobetreiber fragt, ob wir sonst noch etwas wünschen. Tonfall und Miene signalisieren, dass nur „Nein“ eine akzeptable Antwort ist. Kann ihm diesen Gefallen aber nicht tun, da ich mir selbst noch etwas aussuchen muss. Nur was? Gegen Bier spricht die frühe Uhrzeit und meine Rolle als begleitender Erziehungsberechtigter. Ordere Cola Light und saure Pommes.

Nachdem der vollkommen entnervte Besitzer unsere Bestellung eingetippt hat, verlangt er einen Betrag, für den ich einen japanischen Mittelklassewagen kaufen könnte.

Kaum dass wir auf unseren Plätzen sitzen und die „Fünf Freunde“-Titelmelodie erklingt, flüstert mir der Sohn ins Ohr, ihm sei schlecht vom Popcorn und er müsse aufs Klo. Gemeinsam zwängen wir uns „Entschuldigung“ murmelnd durch die Reihe und suchen die Toilette auf. Glücklicherweise entpuppt sich die Übelkeit als Fehlalarm und wir gehen zurück zu unseren Sitzen. Auf der Leinwand betätigt sich ge-rade ein arabischer Junge politisch wenig korrekt als Taschendieb und bestiehlt auf einem Marktplatz ausländische Touristen.

Nun sagt einer der Freunde, er müsse Pipi. Der andere Kumpel verneint meine Frage, ob er ebenfalls muss, mit energischem Kopfschütteln. Wir ziehen zu zweit los und ich nötige wieder die Zuschauerinnen und Zuschauer zu einer La-Ola-Welle. Ihre Begeisterung hält sich in Grenzen.

Fünf Minuten später sind wir zurück. Der Sohn nickt, als ich mich erkundige, ob etwas Interessantes passiert sei, hält es aber nicht für nötig, irgendwelche erhellenden Details preiszugeben. Rekonstruiere, dass die fünf Freunde nach Ägypten gereist sind, wo sie sich in einem Museum aufhalten.

Plötzlich erscheint Mehmet Kurtuluş, der ehemalige Hamburger Tatort-Kommissar, und spielt unter Verleugnung seiner schauspielerischen Ausbildung den Direktor des Museums. Meine Frau fand ihn als Undercover-Ermittler Cenk Batu immer äußerst scharf. Wenn ich es mir recht überlege, sogar unangemessen scharf für jemanden, der in einer festen Partnerschaft lebt. Weil er Kurtuluş als Kommissar abgelöst hat, hasst meine Frau die Til-Schweiger-Tatorte. Ich finde sie aus dem gleichen Grund ganz gut.

Der Film erreicht den ersten Höhepunkt. Unter den entsetzten Schreien der Kinder im Kinosaal wird der Vater von Julian, Dick und Anne im Museum hinterrücks niedergeschlagen, dann des Diebstahls bezichtigt und schließlich von der Polizei verhaftet. Warum? Keine Ahnung!

Kann mir darüber keine Gedanken machen, weil mich jetzt der andere Freund des Sohns am Ärmel zupft. Er müsse jetzt auch aufs Klo. Auf meine genervte Bemerkung, er hätte doch eben mitkommen können, erwidert er indigniert, da hätte er noch nicht gemusst.

Ein weiteres Mal belästige ich die Leute in unserer Reihe. Meine Bemerkung, das ständige Aufstehen und Hinsetzen sei ein gutes Gesäßmuskel-Training, kommt nur so mittel an. Meine Beliebtheitswerte im Saal bewegen sich im nicht messbaren Bereich.

Nach unserer Rückkehr ist die Handlung so weit fortgeschritten, dass ich ihr nicht mehr recht folgen kann. Die fünf Freunde schleichen sich gemeinsam mit dem arabischen Taschendieb, den sie – warum auch immer – an der Backe haben, auf einen Empfang (bitte fragen Sie mich nicht, warum), springen danach in letzter Sekunde aus einem explodierenden Auto und verdursten schließlich fast in der Wüste. Möglicherweise sind die Handlungssprünge und dramaturgischen Ungereimtheiten darauf zurückzuführen, dass ich gelegentlich einnicke.

Glücklicherweise nähert sich der Film allmählich dem Ende. Mehmet Kurtuluş entpuppt sich überraschend als Oberschurke und Anführer eines obskuren Geheimbundes. Anscheinend hat er sich von einer Karriere als ernstzunehmender Schauspieler verabschiedet und beschwört in einer surrealen Szene in einem pseudo-arabischen Kauderwelsch eine altägyptische Gottheit. Im Anschluss kommt es zum großen Showdown in einem unterirdischen Wüstenverlies. Die Kinder geraten in Lebensgefahr und retten sich.

Den fünf Freunden und ihrem arabischen sechsten Rad am Wagen gelingt die Flucht aus der Wüste in einem Auto der Bösewichte, bei dem praktischerweise der Schlüssel steckt. Nun gibt es einen weiteren Showdown – hoffentlich den letzten. In einem Gerichtssaal in Kairo entlarven die fünf Freunde einen Oberoberschurken und der Vater von Julian, Dick und Anne kommt frei. Dann sind sowohl Handlungslogik als auch Film endgültig am Ende.

Beim Rausgehen sagt der Sohn, er möchte gerne so tolle Abenteuer wie die fünf Freunde erleben. Bei uns sei es immer total öde. Ich könne mich doch auch mal niederschlagen und von der Polizei verhaften lassen.

Keine schlechte Idee. In der Untersuchungshaft darf man bestimmt keine „Fünf Freunde" schauen und es gibt keine Kinder, die ständig aufs Klo müssen. Das klingt sehr reizvoll.

Kapitel 10:
Jetzt musst du springen

„Was mache ich hier eigentlich?" Eine fast schon existenzielle Frage, die ich mir auf dem Drei-Meter-Brett eines Berliner Hallenbades stelle. Ich bin 38 Jahre alt und noch nie vom Dreier gesprungen. Mein letzter Schwimmbadbesuch liegt auch schon sieben Jahre zurück.

Das liegt daran, dass ich Schwimmen hasse. Und Mit-dem-Kopf-unter-Wasser-Tauchen hasse ich noch mehr. Möglicherweise denken Sie, ich übertreibe, und finden, Hass ist ein zu starkes Wort für meine Abneigung. Nein, ist es nicht. Im Gegenteil. Hass ist das perfekte Wort, um mein Verhältnis zum Schwimmen zu beschreiben. Hass, Hass, Hass.

Auf meiner Liste der Aktivitäten, die ich auf keinen Fall unternehmen möchte, liegt Schwimmen noch vor einer Zahnwurzelbehandlung, dem Besuch eines Pur-Konzerts und einem Abendessen mit Friedrich Merz. Hätte die Natur gewollt, dass Menschen sich im Wasser aufhalten, hätte sie uns mit Schwimmhäuten und Kiemen ausgestattet. Hat sie aber nicht. Deswegen haben wir in Schwimmbädern nichts verloren. Eine auch in ihrer Einfältigkeit bestechende Logik, wie ich finde.

Ich kann aber durchaus schwimmen. Zumindest ertrinke ich nicht. Wenigstens nicht sofort.

Mein Vater hat mir mit ungefähr sechs das Schwimmen beigebracht. Beziehungsweise das Nicht-Ertrinken. Also, ich war sechs, nicht mein Vater. Der ist ein hervorragender Schwimmer. Ende der 50er Jahre lebte er in den USA, wo er einen Schulrekord über 50-Meter-Butterfly aufstellte, der bis in die 80er Jahre Bestand hatte.

Ich dagegen bin mit der schwimmerischen Begabung einer dänischen Milchkuh gesegnet. Bis heute rechne ich es meinem Vater hoch an, dass er mich bei seinen Versuchen, mir das Schwimmen beizubringen, nicht zur Adoption freigab. (Sollte mein Vater dies lesen, sei ihm versichert, dass die Schwimmstunden mit ihm zu meinen schönsten Kindheitserinnerungen zählen.)

Trotz meines fehlenden Schwimmtalents legte ich erfolgreich die Seepferdchen-Prüfung ab. Sogar im ersten Versuch. Dass der Bademeister ein guter Bekannter meines Vaters war, gereichte mir sicherlich nicht zum Nachteil. (Wahrscheinlich hat mein Vater ihm auch einen nicht unerheblichen Geldbetrag zukommen lassen.) Mit dem Seepferdchen-Aufnäher endete meine Freischwimmer-Karriere. (So eng war die Bekanntschaft mit dem Bademeister nicht, dass es für weitere Abzeichen gereicht hätte.)

Nun luge ich den Dreier runter und grüble, wo im Leben ich falsch abgebogen bin, dass ich hier oben stehe. Um es kurz zu machen: Die Kinder sind schuld. Und ein wenig meine Frau und ich, weil wir unbedingt wollen, dass sie schwimmen lernen.

Dazu gaben wir die Tochter und den Sohn in die Obhut einer Schwimmlehrerin, der der Ruf vorauseilte, mit einer Mischung aus Mitgefühl und Strenge noch jedem Kind das Schwimmen beigebracht zu haben. Eine Mary Poppins des Wassers.

Auch bei unseren Kindern stellte sie ihre magischen Fähigkeiten unter Beweis und machte sie schwimmtüchtig. Der Sohn tat sich zunächst etwas schwer, konnte dafür aber von Anfang an hervorragend tauchen.

Das Seepferdchen- und das Bronzene Abzeichen haben sich die beiden bereits erschwommen und die Silberne Auszeichnung haben sie auch schon fast sicher. Sie müssen nur noch vom 3-Meter-Brett springen. Das können sie in irgendeinem Bad mit Sprungturm erledigen und sich vom Bademeister abstempeln lassen.

Sowohl Tochter als auch Sohn fürchten sich ein wenig davor. Wer konnte das besser nachempfinden als ich? Wie ein Vorzeige-Papa wollte ich sie unterstützen. „Traut ihr euch, wenn jemand mit euch springt?“, erkundigte ich mich daher vor ein paar Tagen beim Abendbrot.

Rückblickend hätte ich meine Frage präziser stellen sollen. Denn die Kinder nahmen an, dass ich es wäre, der mit ihnen springt. Dabei hatte ich an meine Frau als Co-Springer gedacht, konnte das Missverständnis aber nicht aufklären, weil mir Sohn und Tochter dankbar um den Hals fielen und die Luft abschnürten.

Heute früh gingen wir die Mission Drei-Meter-Sprung an. Wir planschten zunächst ein wenig im großen Becken herum und ich gab mich der Hoffnung hin, der Sprungturm bliebe geschlossen. Blieb er aber nicht. Eine Gruppe halbstarker Jugendlicher stürmte sofort hinauf und führte waghalsige Sprünge durch. Mir wurde schon vom Zusehen schwindlig.

Schließlich sagte meine Frau streng: „Jetzt springt ihr. Vom Zuschauen wird es auch nicht besser." Eine Äußerung, die ich für gewagt hielt. Sogar für groben Unfug. Offensichtlich kann das Springen die Situation erheblich verschlimmern. Zum Beispiel, wenn du beim Eintauchen ins Wasser die Hose verlierst. Also ist das Zuschauen im Umkehrschluss durchaus eine Verbesserung. Die gerunzelte Stirn meiner Frau signalisierte mir, dass sie meiner auf sehr wackeligen Füßen stehenden Argumentation nicht folgen wollte.

Ich ergab mich meinem Schicksal und stellte mich mit Tochter und Sohn an der Sprungturm-Schlange an. Unaufhaltsam bewegten wir uns Richtung Leiter. Immer wieder ließ ich ein paar springwütige Jugendliche vor, um unsere Anstehzeit zu verlängern. Gleichzeitig täuschte ich Zuversicht vor, drückte die Hände der Kinder und lächelte ihnen aufmunternd zu, war mir aber nicht sicher, ob meine Grimasse tatsächlich eine ermutigende Wirkung ausstrahlte.

Nach einer Viertelstunde kamen wir schließlich oben an. Von unten rief meine Frau: „Ihr packt das!" Alle Augen der Badegäste waren auf uns gerichtet. Bei den Kindern war ich recht zuversichtlich, dass sie den Sprung schaffen. Was mich angeht, war ich skeptisch.

Nach kurzer Diskussion machte der Sohn den Anfang. In einer Kombination aus Tkatschow-Grätsche und Arschbombe stürzte er sich hinunter und landete mit einem großen Platsch im Wasser. Stolz schwamm er an den Rand, wo ihn seine applaudierende Mama in Empfang nahm.

Ich fragte die Tochter, wer von uns beiden als Nächstes springen soll. Zu meiner großen Enttäuschung wollte sie nicht wieder runterklettern, sondern trat ans Ende des Sprungbretts. Etwas zögerlich, aber beneidenswert elegant hüpfte sie kerzengerade ins Wasser. Mit strahlendem Gesicht tauchte sie wieder auf und gesellte sich zu Bruder und Mama.

Nun bin ich hier oben allein. Es gibt nur mich, das Drei-Meter-Brett und das Becken. Und 30 Jugendliche hinter mir, die allmählich unruhig werden. Von unten ruft meine Frau: „Jetzt du!" In fast schon ordinärer Lautstärke brüllt sie meinen Namen durch das Bad. Die Zahl der Badegäste hat sich in den letzten fünf Minuten verdreifacht und alle schauen ausnahmslos nach oben. Auf mich. Und meine schlotternden Knie.

Langsam trete ich nach vorne an den Abgrund. Ich bin mir sicher, dass die Höhe des Turms falsch vermessen wurde. Der Abstand zwischen Wasseroberfläche und Sprungbrett beträgt mindestens fünf Meter. (Wahrscheinlich sogar deutlich mehr.)

„Spring endlich, Alter!", ruft ein unverschämter Knabe.

Mir kommt das Element-of-Crime-Lied „Jetzt musst du springen" in den Sinn: „Jetzt endlich weißt du, dass deine Eltern nur dich zeugten, damit du hier wie ein Vollidiot fröstelnd und ohne Not über allem stehst und nicht vorwärts gehst." Nie wurde mein Leben treffender beschrieben.

Ob man es mir am Ende meines Lebens wohl negativ auslegt, wenn ich jetzt umdrehe und vom Turm hinunter steige? Bestimmt nicht. Zumindest kann ich mich an keine Beerdigung erinnern, auf der sich der Trauerredner darüber ausließ, ob der Verblichene vom Drei-Meter-Brett gesprungen ist oder nicht.

Da legt sich eine Hand auf meine Schulter, ich zucke zusammen. Es ist der Bademeister. Er fragt, ob ich gedenke, heute irgendwann noch zu springen. Allerdings in weniger freundlichen Worten. Und in einem Tonfall, der überall in Deutschland als extrem unhöflich gilt, in Berlin aber unter normale Umgangsform fällt.

Was bildet sich der ungehobelte Rüpel eigentlich ein? Ungünstigerweise versperrt er den Weg zur Treppe und verhindert meinen Abgang. Die einzige Möglichkeit, den Turm zu verlassen, ist der Sprung ins Becken.

Meine Frau und die Kinder fangen an, rhythmisch zu klatschen. Meine Güte, wir sind hier doch nicht im Musikantenstadl. Nun skandieren sie auch noch meinen Namen. Nach und nach stimmen alle Badegäste ein. Wieder und wieder hallt mein Name durch die Schwimmhalle. Morgen werde ich ihn ändern lassen. Und eine andere Identität annehmen.

Der Bademeister blockiert immer noch den Fluchtweg. Ich ergebe mich meinem Schicksal, trete einen Schritt nach vorne und stürze mich wild mit den Armen rudernd in die Tiefe. Mit der Anmut eines Nilpferds klatsche ich ins Wasser. Nach einer gefühlten Ewigkeit tauche ich wieder auf.

Die Familie und alle Badegäste begrüßen mich mit tosendem Beifall.

Während sich die Kinder beim Bademeister ihren erfolgreichen Sprung abzeichnen lassen, denke ich darüber nach, welches Schwimm-Projekt ich als nächstes angehen könnte. Vielleicht einen Apnoe-Tauchkurs. Oder endlich das Seepferdchen-Abzeichen unter regulären Bedingungen ablegen. Wenn wir zu Hause sind, kontaktiere ich den Bademeister-Freund meines Vaters. Sicherheitshalber werde ich ihn trotzdem nach seiner Bankverbindung fragen.

Kapitel 11:

In der Männer-Bäckerei

„Wir backen zusammen Kuchen." Ich hatte dem Sohn letzte Woche versprochen, dass wir heute einen Männertag machen. Nur er und ich. Gleichzeitig habe ich zugesagt, für eine Geburtstagsfeier, zu der wir abends eingeladen sind, einen Käsekuchen mitzubringen.

Der Sohn ist von der Aktivität „Kuchen backen" nur mäßig begeistert. Er möchte Fußball spielen. Kuchenbacken sei nicht männlich genug für einen Männertag.

Ich tadele ihn mit scharfen Worten, solch ein tradiertes, überkommenes und geradezu reaktionäres Verständnis von der Rolle des Mannes sei nicht mehr zeitgemäß. Der Sohn schaut mich verständnislos an, als hätte ich ihm einen juristischen Vortrag über das EU-Gender-Mainstreaming gehalten.

Ich erkläre, ganz viele Männer arbeiteten in der Küche. Tim Mälzer sei zum Beispiel ein sehr berühmter Koch, schreibe Bücher, trete im Fernsehen auf und sei damit irrsinnig reich geworden. Wir würden halt nicht kochen, sondern backen.

Das mit dem „irrsinnig reich geworden" weckt das Interesse des Sohns. Er willigt in das gemeinschaftliche Männer-Backprojekt ein.

Wir wollen einen Käsekuchen backen. Als Erstes schauen wir nach, ob wir alle Zutaten vorrätig haben.

225 Gramm Vollkornkekse, fein zerbröselt

Im Schrank ist ein Paket Butterkekse. Nicht Vollkorn, aber immerhin. Allerdings nur 200 Gramm. Der Sohn weist darauf hin, das sei zu wenig. Ich beruhige ihn, die Abweichung liege immer noch im Toleranzbereich. „Was ist ein Toleranzbereich?", will der Sohn wissen. „So etwas wie ‚Pi mal Daumen'." „Und was ist ‚Pi mal Daumen'?" „Das heißt, 200 Gramm sind genauso viel wie 225 Gramm." Hoffentlich rächt sich diese hanebüchene Erklärung nicht später mal bei einer seiner Mathearbeiten.

3 EL Kakaopulver, gesiebt

Wir haben keinen Backkakao, dafür eine Dose mit Kaba. Ich erkläre dem Sohn, das funktioniere auch. Hauptsache, der Boden werde dunkel und schmecke nach Schokolade. Der Sohn fragt, ob das auch „Pi mal Daumen" sei. Ich nicke.

2 EL weicher brauner Zucker

Zu meiner Überraschung finden wir in einer Vorratsdose tatsächlich noch einen Rest braunen Zucker. Allerdings einen festen Klumpen. Bearbeite ihn zunächst erfolglos mit einer Gabel, dann mit einem Messer und schließlich mit einem großen Schraubenzieher, bis wir den Zucker ansatzweise als Backzutat verwenden können.

Der Sohn ist beeindruckt. Er will wissen, ob Tom Wälzer das auch so mache. Korrigiere ihn, der Tom hieße Tim und nicht Wälzer, sondern Mälzer. Und er sei bestimmt auch erfinderisch in der Küche.

90 g Butter, geschmolzen

Im Kühlschrank ist ein Rest Butter. 80 Gramm, wie die Küchenwaage anzeigt. Ich murmele etwas von Toleranz, Pi und Daumen. Der Sohn weiß inzwischen, dass es sinnlos ist nachzufragen, und er schweigt.

Für die Füllung haben wir erfreulicherweise alles beisammen: 500 g Quark, 250 g Mascarpone, 200 g extrafeiner Zucker, 3 große Eier, 150 g dunkle Schokolade, 1 Päckchen Vanillezucker.

Wir legen mit dem Boden los.

Für den Krümelkuchen die fein zerbröselten Kekse in eine Schüssel geben.

Weil wir keinen Mixer haben, müssen wir die Kekse händisch zerkleinern. Ein ziemlich langwieriges Unterfangen. Hole schließlich einen Hammer und haue damit auf die in einem Handtuch eingeschlagenen Kekse. Der Sohn will auch mal und schlägt mit viel Schwung, großem Enthusiasmus und wenig Treffsicherheit auf den Stoff ein. Als die Arbeitsplatte genügend Macken abbekommen hat, finde ich, die Kekse sind bröselig genug.

Kakaopulver und Zucker unterrühren. Mit der geschmolzenen Butter übergießen und die Masse mit einer Gabel vermischen.

Die Kakao-Zucker-Keksbröselmasse und die geschmolzene Butter verbinden sich zu einer unansehnlichen klebrigen Substanz. Die erinnert im besten Fall an Schnellzement kurz vor dem Austrocknen, im schlechtesten Fall an das Resultat einer Durchfallerkrankung. Der Sohn will mit dem

Hammer in die Schüssel hauen. Ich erlaube es ihm aber nicht. Sein Argument, Tim Walzer mache das bestimmt auch so, lasse ich nicht gelten.

Wir rühren – mit einem Löffel –, bis die Masse mit viel Wohlwollen als Kuchenteig durchgeht. Dann kosten wir reichlich davon, um sicherzugehen, dass er besser schmeckt, als er aussieht.

Die Masse gleichmäßig auf dem Boden einer Springform verteilen und andrücken. Falls gewünscht drei oder vier Löffel der Masse zurückbehalten und nach dem Backen an den Seiten rings um den Käsekuchen andrücken.

Wir entscheiden, dass der Rand nicht gewünscht ist, und essen die drei bis vier Löffel. Laut dem Sohn nasche Tom Pelzer auch lieber Teig, als den doofen Rand zu machen.

Den Boden im vorgeheizten Ofen bei 180 °C (Gas Stufe 2-3) zehn Minuten backen. Auf einem Gitterrost abkühlen lassen. Die Ofentemperatur auf 160 °C (Gas Stufe 1-2) herunterschalten.

Während der Backofen aufheizt, essen der Sohn und ich ein Stück Konter-Fleischwurst.

Vorsichtig den Ring der Springform abnehmen und leicht mit Butter einfetten. Wenn der Krümelkuchen abgekühlt ist, die Springform wieder zusammensetzen.

Ungünstigerweise ist keine Butter übrig. Ich nehme Olivenöl und erkläre, dies verleihe dem Kuchen eine besondere Note. Der Sohn findet, Tim Malzer könne bestimmt noch etwas von uns lernen, so toll wie wir backen.

Quark und Mascarpone in eine große Schüssel geben. Mit Hilfe eines elektrischen Handrührgeräts oder Mixers glattrühren.

Das Rühren funktioniert ohne besondere Vorkommnisse. Bis der Sohn zum Schluss das noch quirlende Gerät aus der Schüssel nimmt und Quarkmasse auf der gesamten Küchenwand verteilt. Egal! Wo gebacken wird, da spritzt der Teig.

Mit dem Rühren fortfahren und den Zucker einrieseln lassen.

Der Sohn übernimmt das Einrieseln. Mit konzentriertem Blick lässt er Zuckerkorn um Zuckerkorn in die Rührschüssel gleiten. Dann rutscht ihm die Zuckerdose aus der Hand und fällt mitsamt Inhalt in die Quarkmasse. Muntere ihn auf, dass es bestimmt viel leckerer ist, wenn wir die doppelte Menge Zucker verwenden. Wir überprüfen das, indem wir ausgiebig vom Teig naschen. Danach genehmigen wir uns noch ein Stück Fleischwurst.

Eier einzeln zugeben; nur so lange schlagen, bis sie sich mit der Masse vermischt haben.

Zeige dem Sohn, wie die Eier vorsichtig am Schüsselrand aufgeschlagen werden. Die Demonstration misslingt geringfügig. Eine Hälfte der Eierschale fällt in die Schüssel, die Hälfte des Inhalts dafür auf die Arbeitsplatte. Der Sohn tröstet mich, das sei nicht schlimm, Till Pälzer kleckere bestimmt auch manchmal.

Die Hälfte der Käsemasse in eine andere Schüssel füllen und die warme, mit dem Wasser geschmolzene Schokolade un-

terrühren. Jeweils ein halbes Päckchen Vanillezucker in die beiden Massen geben.

Wir schmelzen zunächst die Schokolade. Nach kurzer Zeit hat sie sich in einen ungenießbaren wässrigen Schokoladenklumpen verwandelt. Die Temperatur war wohl zu hoch. Jetzt wäre es hilfreich, Tim Mälzer reichte uns mit den Worten „Ich habe da schon mal etwas vorbereitet“ eine Schale geschmolzener Schokolade.

Tut er aber nicht. Also schicke ich den Sohn zum Kiosk an der Ecke, neue Schokolade besorgen. Er muss noch zwei weitere Male losgehen, bis wir ein zufriedenstellendes Schokoladen-Schmelz-Ergebnis erzielt haben. Die Schoko-Quarkmasse schmeckt hervorragend, genauso wie das nächste Stück Fleischwurst.

Etwas weniger als die Hälfte der hellen Masse in die Mitte der Springform gießen; die Form schräghalten und die Masse gleichmäßig auf dem Krümelboden verteilen. Etwas weniger als die Hälfte der Schokoladenmasse behutsam in die Mitte über die helle Masse gießen und warten, bis die Schicht von selbst verlaufen ist.

In der Beschreibung und auf den Bildern sieht das Herstellen der hellen und dunklen Ringe wie ein Kinderspiel aus. In der Realität erweist sich die Umsetzung als tückisch. Unsere Massen sind zu fest und verlaufen nicht wie beschrieben.

Wir verstreichen die Massen schließlich mit einem Löffel. Dabei gelingt es uns aber nicht, die Ringe gleichförmig zu verteilen. Das Muster ist ästhetisch eher fragwürdig. Wie ein Ed-Hardy-Design in Schwarz-Weiß. Der Sohn fragt, ob das ein Kollege von Wim Schmelzer sei.

Abwechselnd die helle und dunkle Masse auf den Kuchen geben (mit der hellen Masse abschließen), bis beide aufgebraucht sind. Die helle Masse sollte für vier Schichten reichen, die Schokoladenmasse für drei.

Nach drei Schichten ist die helle Masse aufgebraucht. Möglicherweise haben wir zu viel davon gekostet. Dafür ist reichlich von der dunklen Masse übrig, die wir nun essen müssen. Dem Sohn ist schlecht. Biete ihm ein weiteres Stück Fleischwurst an, er lehnt matt ab.

Den Käsekuchen ungefähr siebzig Minuten lang backen oder so lange, bis die helle Masse in der Mitte gerade fest geworden ist.

Der Kuchen ist im Ofen. Die Küche sieht aus, als hätte eine Horde zugekokster Schimpansen eine Orgie gefeiert und mit Käsekuchenzutaten um sich geworfen.

Wahrscheinlich wäre es weniger aufwändig, die Küche abzufackeln, als sie aufzuräumen. Kaum erwähne ich das Wort „Aufräumen“, fallen dem Sohn seine Hausaufgaben ein, die er ganz dringend machen muss, und er verschwindet in seinem Zimmer.

Den Kuchen aus dem Ofen nehmen und zum Abkühlen den Käsekuchen in der Form auf ein Gitterrost stellen.

Genau in dem Moment, als die Küchenuhr klingelt, beendet der Sohn die Schulaufgaben und erscheint wieder in der Küche. Beim Entfernen der Springform bilden sich unschöne Risse im Kuchen. Ich stoße ein paar derbe Flüche aus, die die Männlichkeit des Backens unterstreichen.

Der Sohn möchte wissen, ob Kim Pfälzers Kuchen auch solche Risse habe. Ich nicke. „Und benutzt der beim Backen auch diese Wörter?“ Ich nicke erneut.

Ich frage den Sohn, ob ich ihm heute Abend, nach dem Geburtstag, wieder etwas von dem Kuchen mitbringen soll. Er sagt, dies sei nicht nötig. Aber wir könnten mal ins Café um die Ecke gehen und ein Stück richtigen Kuchen essen. Ein sehr guter Vorschlag. Vielleicht treffen wir dort Tim Mälzer.

Kapitel 12:
Die Hausaufgaben-Hölle

„Ich brauche Hilfe bei Mathe!" Der Sohn brüllt aus seinem Zimmer quer durch die Wohnung. Das ist doof für mich. Gerade habe ich mich im Wohnzimmer hingesetzt, um in Ruhe zu lesen. Okay, ich lümmle auf dem Sofa und schaue „Breaking Bad". Wenn du aber Samstagmittag vor der Glotze hockst, giltst du gleich als Assi. Deswegen tun wir jetzt alle mal so, als vergnüge ich mich mit einem Band Hegel.

Der Sohn ist in der sechsten Klasse und meine Frau und ich kümmern uns nicht mehr um seine Schulaufgaben. Er schreibt meistens gute Noten und wir sind der Meinung, er ist alt genug und bekommt das allein hin. Das fördert seine Selbstständigkeit. Und unser Seelenheil.

Denn wie Eltern wissen, bergen Hausaufgaben im Familienalltag ein erhöhtes Eskalationspotenzial. (Neben Diskussionen, wie lange man noch zocken darf und ob Süßigkeiten vor dem Abendbrot erlaubt sind.) Kinder wollen Hausaufgaben prinzipiell immer erst nach dem Spielen machen, Eltern dagegen, dass sie vor den Freizeitaktivitäten erledigt werden. Ein unauflöslicher Widerspruch.

In der Grundschule war es auch noch einfach, bei den Hausaufgaben zu helfen. Da lauteten die Fragen „Wie viel ist 3 + 4?" oder „Wie viele Blätter hat ein vierblättriges Kleeblatt?" Da kannst du in allen Fächern alles beantworten und dich wie ein Universalgenie à la Leonardo da Vinci fühlen.

Auf dem Gymnasium tauchen plötzlich Fragen auf, bei denen du an die Grenzen deines Wissenshorizonts stößt. „Durch welche Bundesländer fließt die Elbe?“, „Welche Stoffeigenschaften hat Aluminium?“, „Wie lautet das Kommutativgesetz?“ Da bist du dann nicht mehr Leonardo da Vinci, sondern der Ochs vorm Berg.

Wir kontrollieren zwar keine Hausaufgaben mehr, aber bei uns gilt der Grundsatz, dass die Kinder uns jederzeit dabei um Unterstützung bitten können. Da halten wir es mit Professor Dumbledore: „In Hogwarts wird jedem Hilfe zuteil, der danach fragt.“ Allerdings ist das leicht gesagt, wenn du der mächtigste Zauberer der Welt bist und allen helfen kannst, wie du lustig bist. Ich dagegen war vor 25 Jahren ein mittelmäßig guter Schüler, und da ist es mit dem Helfen-Können, wie du lustig bist, nicht ganz so weit her.

Ich gönne Walter White und Jesse Pinkman eine Pause von der Meth-Herstellung und gehe ins Zimmer des Sohns. Um seinen Schreibtisch zu erreichen, muss ich einen Slalomkurs um schmutzige Wäsche, CDs und Schalen mit angetrockneten Müslieresten absolvieren.

Aus dem CD-Player dröhnt in ohrenbetäubender Lautstärke ein TKKG-Hörspiel. Mit väterlicher Strenge fordere ich den Sohn auf, das Gerät auszumachen. Er entgegnet, so könne er sich besser konzentrieren.

Ohne über statistisch belastbares Material zu verfügen, behauptet mein innerer Boomer, früher hätte es das auch nicht gegeben. Bei den Hausaufgaben Hörspiele hören. Natürlich nicht, patzt der Sohn zurück, im Mittelalter sei der CD-Player ja noch gar nicht erfunden worden. Pädagogisch nicht ganz auf der Höhe erkläre ich, ich könne den Player für die nächsten zwei Wochen konfiszieren, dann dürfe er Mittelalter spielen. Missmutig schaltet der Sohn aus.

Die erste Runde ging an mich. Allerdings ist die Stimmung nun etwas frostig.

Ich frage den Sohn, um was es bei seinem mathematischen Problem ginge. „Geometrie!", ruft er. „Ich kann das nicht!" Dabei schaut er mich an, als sei das meine Schuld. Ob er mich für seine schlechten Mathe-Gene oder für die Aufgaben in seinem Buch verantwortlich macht, bleibt unklar.

Nicht erst seit Stromberg wissen wir ja, dass „Kann nicht" meistens in der „Will-nicht-Straße" wohnt. Der Sohn findet den Spruch nur mäßig lustig. Und mit „nur mäßig" meine ich „gar nicht".

Ein wenig verstehe ich den Sohn. Geometrie zählte früher auch nicht zu meinem mathematischen Spezialgebiet. Eine Formulierung, die vermuten lässt, ich hätte Expertenwissen in Algebra oder Stochastik. Das ist nicht der Fall.

Der Sohn liest die Aufgabe vor:

„Zeichne in ein Koordinatensystem (Einheit 0,5 cm) ein Dreieck mit den Eckpunkten A (6|16), B (14|16) und C (10|20).

Drehe das Dreieck mit Geodreieck und Zirkel um Z (10|11) um a) 90°, b) 180°, c) 270°.

Gib jeweils die Koordinaten der Bildpunkte an."

Hätte er die Aufgabe auf Suaheli vorgetragen, hätte ich nicht viel weniger verstanden. Ich lasse mir meine Ratlosigkeit aber nicht anmerken. Schließlich möchte ich den Sohn nicht verunsichern.

Intensiv suche ich in dem Mathebuch nach Hinweisen auf den Lösungsweg. Da muss es doch etwas geben.

Der Sohn sieht mir dabei zu, wie ich lese. Nach zwanzig Minuten fragt er, ob er das Hörspiel wieder anmachen könne. Ich knurre etwas Unverständliches. Er interpretiert das richtig als „Nein".

Endlich werde ich fündig. „Hier!", rufe ich. „Du musst da nur mit dem Geodreieck am Scheitelpunkt im 90°-Winkel zeichnen. Dann stichst du mit dem Zirkel da rein und da und da und machst so Markierungen. Die verbindest du dann und – zack! – fertig ist die Laube." Ich strecke meinen Zeigefinger in die Luft, um Zuversicht auszustrahlen.

In einer Mischung aus Fassungs- und Verständnislosigkeit schaut der Sohn mich an. Würde ich an seiner Stelle auch, denn ich weiß selbst nicht, was die von mir aneinandergereihten Worte bedeuten sollen.

Der Sohn haut mit der flachen Hand auf das Buch und stöhnt. „Ich kapiere das nicht. Bestimmt bekomme ich eine Fünf in Mathe." Ich ermahne ihn, er solle nicht jammern, sondern sich gefälligst konzentrieren.

„Warum muss ich die Linie da ziehen?", will der Sohn wissen. „Weil das da steht", stoße ich hervor. „Das ist keine richtige Erklärung", beschwert sich der Sohn.

Allmählich werde ich nervös. Mein linkes Augenlid zuckt. Warum gibt es keine von Zen-Buddhisten organisierte Hausaufgaben-Betreuung? Die ruhen immer in sich selbst und kennen keine bösen Gedanken. Und für den unwahrscheinlichen Fall, dass sie sich doch einmal aufregen, meditieren sie das einfach weg.

Nachdem ich eine Viertelstunde beobachtet habe, wie sich der Sohn unmotiviert an der Aufgabe versucht, zucken meine Augen schneller als die Flügel eines Kolibris. Unwirsch nehme ich ihm Zirkel und Geodreieck ab und fange selbst mit der Zeichnung an. Der Sohn merkt an, dass es meinen Zeichnungen an Präzision mangele („Papa, das ist krass schief!“). Kein Wunder, wenn dein flatterndes Augenlid Stroboskop-Effekte wie in einem Techno-Club erzeugt.

Der Sohn lässt nicht locker und weist daraufhin, die Lehrerin lege sehr viel Wert auf exaktes Arbeiten. Die einsetzende Schaumbildung vor meinem Mund lässt ihn verstummen und er stört mich nicht weiter.

Ein paar Tage später bringt der Sohn einen Brief der Mathelehrerin mit. Sie hat mir eine 4+ gegeben. Ich solle künftig sauberer arbeiten. Vielleicht kann mir ein Zen-Buddhist Nachhilfe geben. Oder Professor Dumbledore.

Kapitel 13:

Auf die Matte, fertig, los

„Wir fliegen nach London." Mit diesen Worten teilte ich dem Sohn vor zwei Monaten mit, dass ich ihn bei den „UK Open" angemeldet habe, einem Judo-Turnier in der britischen Hauptstadt. Er war begeistert. Die Tochter weniger, als ich ihr eröffnete, sie könne nicht mit. Ein dreitägiger London-Trip mit der ganzen Familie sei einfach zu teuer. Die Kosten für Anreise, Unterkunft, Verpflegung und Sehenswürdigkeiten wären höher als das Bruttosozialprodukt Liechtensteins. Sie hielt das für kein schlüssiges Argument, was möglicherweise daran liegt, dass sie nicht weiß, was ein Bruttosozialprodukt ist, und noch nie von Liechtenstein gehört hat.

Der Sohn hat mit Judo angefangen, als er vier war. Und das kam so: Auf dem Heimweg von der Kita erzählte er jeden Tag wilde Geschichten von blutrünstigen Monstern, gefährlichen Tieren und bösartigen Menschen, die er alle brutalstmöglich niedermetzelte. Wie der Witcher, aber mit blonden Locken.

Seine detaillierten Beschreibungen zeugten zwar von einem beeindruckenden Wortschatz für einen Vierjährigen, aber gleichzeitig waren sie ein wenig bedenklich. Meine Frau und ich sahen uns schon, wie wir bedröppelt in eine RTL-Explosiv-Kamera sagen: „Er war immer so ein lieber Junge. Wir können uns auch nicht erklären, warum er die komplette Nachbarschaft mit einer Machete zerstückelt hat."

Also meldeten wir ihn als Ventil für seine Gewaltphantasien beim Judo an. Dort konnte er sich körperlich verausgaben und Disziplin und Respekt lernen, was ja auch nicht das Schlechteste ist.

Schon bald nahm der Sohn an Turnieren teil. Seine Wettkampfbilanz nach einem Jahr war niederschmetternd: 0:20. Er war die Färöer-Inseln der Berliner Judo-Szene.

Für mich war das besonders schmerzhaft, weil ich selbst auf eine sehr erfolgreiche Judo-Laufbahn zurückblicken kann. In der dritten Klasse war ich ebenfalls im Judo-Verein und belegte bei meinem ersten Wettkampf den ersten Platz. Anschließend beendete ich die Karriere – schließlich sollst du aufhören, wenn es am schönsten ist – und bin bis heute ungeschlagener Westerwälder Kreismeister. Dass ich nur einen Gegner hatte, der mir den Sieg bescherte, indem er über seine eigenen Füße fiel, muss ja niemand wissen.

Dann aber brachte der Sohn eines Tages vollkommen überraschend von einem Turnier den Siegerpokal mit. Die größte Sensation der Sportgeschichte seit 2004, als Griechenland die Fußball-Europameisterschaft gewann.

Sieben Jahre später, und inzwischen mit einer sehr viel positiveren Kampfstatistik, fliegen wir nach London. Am Flughafen vertreiben wir uns die Zeit im Duty-Free-Shop. Der Sohn fragt mich, ob ich ihm eine Toblerone kaufe. Die hat die Größe des Matterhorns. Um seine Verhandlungsposition zu stärken, stellt er mir in Aussicht, mir möglicherweise ein Stück abzugeben.

Ich schlage seine Bitte trotzdem ab. Nicht aus finanziellen, sondern aus kalorischen Gründen. Ich komme mir vor wie eine Chemnitzer Eiskunstlaufmutter, als ich ihn an sein Wettkampfgewicht erinnere. Das steigert nicht gerade meine Beliebtheitswerte beim Sohn. (Vermutlich auch nicht bei den Leserinnen und Lesern.) Aber das ist immer noch besser, als ihm morgen dabei zuzuschauen, wie er in einer höheren Gewichtsklasse antreten muss, wo ihn Jungs vermöbeln, die einen Kopf größer und etliche Kilos schwerer sind.

Ich biete dem Sohn eine Reiswaffel an, was seine Laune nur unwesentlich hebt. Eigentlich gar nicht. Aus väterlicher Solidarität verzichte ich ebenfalls aufs Essen.

18.15 Uhr. Wir besteigen das Flugzeug. Der Sohn studiert das kulinarische Angebot im Bord-Magazin. Er zählt auf, was er alles essen möchte. Sandwiches, Schokomuffins, Kekse und Schokoriegel. Ich sage, die Sachen sähen auf den Bildern viel besser aus, als sie schmeckten. Meine Aussage wäre wesentlich glaubwürdiger, würde ich nicht so nuscheln, weil mir das Wasser im Munde zusammenläuft.

Mein Sitznachbar, ein weißhaariger Brite, bestellt sich Zitronenlimo und Chips. Köstlicher Cheese & Onion-Duft strömt zu uns herüber. Nur mit Mühe kann ich den Sohn davon abhalten, ungebeten in die Chipstüte zu greifen. Ich selbst spiele mit dem Gedanken, die vom Fett glänzenden Finger des Mannes abzulecken.

Zur Ablenkung spielen wir eine Runde Galgenmännchen. Mir fallen nur Wörter wie Currywurst, Lasagne und

Käsekuchen ein, was die Stimmung des Sohns dramatisch verschlechtert. Er kontert mit Begriffen wie Doofkopf, Blödmann und Pupsnase. Wir brechen das Spiel ab.

Turniertag, 10 Uhr. Die Wettkämpfe starten. Ein Vater neben mir sagt, zu dem Turnier kämen die besten Judoka aus ganz Großbritannien. Selbstverständlich vergisst er nicht zu erwähnen, dass sein Sohn im letzten Jahr die Goldmedaille gewonnen hat.

Was das Prahlen mit den Erfolgen ihrer Kinder angeht, scheinen sich englische und deutsche Judoeltern nicht groß zu unterscheiden. Ich könnte erzählen, mein Sohn bereite sich hier auf die Weltmeisterschaften vor, wo er seinen Titel verteidigen will. Da der Mann sicherlich über ein internetfähiges Smartphone verfügt, mit dem er meine Aussage überprüfen könnte, belasse ich es bei einem höflichen „splendid".

Die Erfolgsaussichten des Sohns sind hier ohnehin nicht die besten, denn er hat einen schwerwiegenden Wettbewerbsnachteil: Ich bin sein Coach. Beziehungsweise „Coach". Mir fehlt jegliches Wissen zu Technik, Taktik und Reglement. Da bin ich dem Sohn keine Hilfe. Dafür kann ich ihn mental unterstützen und motivieren. Ich habe nicht umsonst alle Rocky-Filme gesehen. Mehrmals. Außerdem habe ich in der Vergangenheit ja bewiesen, dass ich die ganz großen Turniere gewinnen kann. (Stichwort „ungeschlagener Westerwald-Kreismeister".)

Erster Kampf. Ich haue dem Sohn kräftig auf die Oberarme, die Schultern und ins Gesicht. Wie sein Trainer immer.

Die Zuschauer schauen trotzdem irritiert. Los geht's. Ich rufe in unregelmäßigen Abständen Sachen wie „Aktiv bleiben!", „Nicht nachlassen!" oder „Betrieb machen!" Ich weiß nicht, ob das dem Sohn hilft, zumindest schadet es nicht. Nach anderthalb Minuten bringt er seinen Gegner zu Fall und nimmt ihn in einen Haltegriff. Gewonnen.

Kampf Nummer 2. Schulter-, Oberarm- und Gesichtsklopfen. Ich variiere meine Coaching-Anweisungen: „Rückwärts!", „Du musst den ersten Griff setzen!" Keine Ahnung, was das bedeutet, aber das ruft sein Trainer häufig bei Turnieren.

Plötzlich stolpert der Sohn und fällt hin. Sein Gegner bekommt eine Wertung. Klare Fehlentscheidung. Das habe selbst ich gesehen. Ich mache meinem Unmut Luft. (Auch das habe ich mir beim Trainer abgeschaut.) Der Kampfrichter dreht sich um und legt den Finger auf die Lippen. Laute Missfallensbekundungen widersprechen anscheinend dem „British Sportsmanship". Den Sohn bringt das nicht aus der Fassung und er wirft den anderen Jungen auf den Rücken. Zweiter Sieg.

Das dritte Duell gewinnt der Sohn ebenfalls. Nun Halbfinale. Dort wartet ein riesiger Junge auf ihn, nicht viel kleiner als ich, sehr durchtrainiert und mit Flaum auf der Oberlippe. In der zweiten Runde hat er kurzen Prozess mit dem Vorjahressieger gemacht. Zur großen Enttäuschung des Titelverteidigers und noch größeren seines Vaters.

Pflichtschuldig klopfe ich Oberarme, Schultern und Gesicht ab. Allzu große Chancen rechne ich dem Sohn nicht aus. So viel Judo-Sachverstand besitze selbst ich. Und ich behalte recht. Nach einer knappen Minute befördert der schnurrbärtige Riese den Sohn mit einem Wurf fast bis unter die Hallendecke. Ich bin froh, dass der Sohn irgendwann wieder runterkommt.

Kampf um Platz 3. Bronze oder Blech. Oberarme, klopf, klopf. Schultern, klopf, klopf. Gesicht, klopf, klopf. Der Sohn und sein Gegner sind gleich gut und schenken sich nichts. Ich rufe: „Mit den Füßen arbeiten!“ (Fragen Sie nicht.) Es geht hin und her. „Pass auf deine Hüfte auf!“ (Warum? Woher soll ich das wissen?) Keiner der beiden hat die Oberhand. „Erst greifen, dann werfen!“ (Klingt erfolgversprechend.)

Die Kampfzeit ist rum. Golden Score. Wer den ersten Punkt macht, gewinnt. Beide sind stehend k.o., fighten aber verbissen weiter. Nun ist es ein Kampf der Willensstärke. Meine Zeit als Mental-Coach ist gekommen. Ich intensiviere meine Anfeuerung. „Weiter, immer weiter!“ „Keine Schmerzen!“ „Das Auge des Tigers, Junge, das Auge des Tigers!“ Oliver Kahn und Sylvester Stallone wären stolz auf mich, die anderen Eltern denken, der Deutsche hat anscheinend den Verstand verloren.

Dreieinhalb Minuten der Verlängerung sind um, als der Sohn seinen Gegner zu Fall bringt. Wie, weiß ich nicht. Egal, er hat Bronze gewonnen.

Der Sohn verneigt sich würdevoll vor dem anderen Jungen und dem Kampfrichter, ich mache am Mattenrand zehn Becker-Sägen mit der Faust. Boris wäre stolz auf mich, die anderen Eltern denken, bei dem Deutschen muss definitiv die Medikamentendosierung erhöht werden.

Ich bin mit dem Turnier sehr zufrieden. Mit der Leistung des Sohns, aber insbesondere mit meinem Coaching. Ich sollte mich dem Deutschen Judo-Bund als Nachwuchstrainer andienen.

Der Sohn kommt von der Matte, wir klatschen uns ab. „Haben dir meine Anweisungen geholfen?“, frage ich. Der Sohn zögert. „Welche Anweisungen? Ich hab gar nichts gehört.“

Und so endete meine Karriere als Judotrainer, bevor sie begann.

Kapitel 14:

Fear and Loathing auf dem Elternsprechtag

„Donnerstag ist Elternsprechtag." Der Sohn ist gerade von der Schule nach Hause gekommen und steht in der Tür zu meinem Arbeitszimmer.

„Donnerstag ist Elternsprechtag." Ein Satz, der wenig Gutes erahnen lässt. Weniger als wenig. Gar nichts. Wie beim Zahnarzt „Das wird ein kleines bisschen wehtun.", in der Fahrradwerkstatt „Billig wird das nicht." oder in der Bahn „Unsere Ankunft verspätet sich um wenige Minuten."

Der Sohn würde mir diese Elternsprechtag-Information nicht mitteilen, wäre damit nicht die Erwartung verbunden, dass ich dort erscheine. Darauf habe ich wenig Lust. Weniger als wenig. Gar keine.

Meine Mutter war da anders. Die ging jedes Jahr freudig zum Elternsprechtag. Nicht, um meine schulischen Leistungen zu besprechen, die waren meist unauffällig. Nein, sie wollte die neuen Lehrerinnen und Lehrer kennenlernen und mit denen, die sie bereits kannte, ein Schwätzchen halten.

Ich dagegen bin nicht gut darin, mit Menschen zu reden, die ich nicht kenne. Außer an Karneval. Weil der Elternsprechtag aber nicht in einer Kneipe stattfindet und kein Kölsch gereicht wird, möchte ich da nicht hingehen. Meine Frau auch nicht. Nicht einmal in der Kneipe und mit Kölsch.

Bisher konnten wir in der Schullaufbahn unserer Kinder Elternsprechtage erfolgreich vermeiden. Nun ist der Sohn seit ein paar Monaten in der siebten Klasse auf dem Gymnasium, wo es nach dem ersten Halbjahr obligatorisch ist, dass sich Eltern mit allen Hauptfach-Lehrerinnen und -Lehrern treffen. Hätte ich das gewusst, hätten wir den Sohn auf einer anderen Schule angemeldet.

Donnerstag. Elternsprechtag-Tag. Ich verdonnere den Sohn, mich zu begleiten. Der ist wenig begeistert. Weniger als wenig. Gar nicht. Es hieße doch Elternsprechtag und nicht Eltern-Schüler-Sprechtag. Ich lasse mich auf keine Diskussionen ein. Manchmal musst du als Vater autoritär sein. Zum Beispiel, wenn du nicht allein zum Elternsprechtag gehen willst.

Im Eingangsbereich des Schulgebäudes verkauft die Klasse der Tochter Kuchen. Sie wollen Geld für ihre Klassenfahrt einnehmen. Das erklärt die Starbucks-Preise von drei Euro pro Stück. Auf die Idee, Kaffee mit Schuss anzubieten, sind die Zehntklässler nicht gekommen. Damit könnten sie ihre Klassenfahrten bis zum Abi finanzieren. Dafür würden bestimmt viele Eltern fünf Euro oder mehr bezahlen. Die Lehrerinnen und Lehrer sowieso.

Als Erstes müssen wir zur Englischlehrerin. Frau Fuggow. (Ein etwas unglücklicher Name im englischsprachigen Raum.) Bevor wir das Klassenzimmer betreten, frage ich den Sohn, ob er mir noch irgendetwas mitteilen möchte. Damit ich gleich keine unangenehme Überraschung erlebe.

Der Sohn ist sich nicht sicher, ob er uns von dem unangekündigten Test erzählt hat. Dieser sei ziemlich überraschend gewesen – Stichwort „unangekündigt“ –, so dass er nicht ganz optimal vorbereitet gewesen wäre und eine Fünf bekommen hätte. Er sieht da aber wahrlich keine Schuld bei sich, sondern eher bei der Lehrerin. Hätte sie den Test angekündigt, hätte er lernen können und dann wäre bestimmt eine bessere Note rausgekommen. Wahrscheinlich war der Test sogar angekündigt, aber den Sohn hat diese Information geistig nicht erreicht.

Frau Fuggow ist eine mittelalte Frau mit freundlichen Augen und sanftem Gemüt. Für präpubertierende Siebtklässler möglicherweise etwas zu sanft.

Sie ist mit den Leistungen des Sohns sehr zufrieden. Er arbeite gut mit, mache immer fleißig seine Hausaufgaben und die Klassenarbeiten seien ebenfalls gut. Der Sohn grinst selbstzufrieden.

Die Fünf in dem Test sei sicherlich nur ein Ausrutscher, sagt Frau Fuggow. Ich pflichte ihr bei. Damit das nicht wieder vorkomme, würde ich den Sohn von nun an jeden Tag Vokabeln abfragen. Mindestens eine halbe Stunde. Jetzt grinst der Sohn nicht mehr.

Nächste Station: Herr Winz, Deutsch. An seiner Tür hängt ein Aushang der Zirkus-AG, die er leitet und für die er neue Mitglieder sucht. Das überrascht mich nicht. Wir hatten damals auch eine Zirkus-AG. Von der hielt man sich aber fern, denn die war nicht der Treffpunkt der „Cool Kids“. Im Gegenteil: eine Ansammlung von Rollenspielern, Modelleisenbahnenthusiasten und Fantasy-Fans.

Bei den Auftritten der Zirkus-AG wurde auf Stelzen gelaufen, jongliert und gezaubert. Obwohl wir nur drei Fernsehprogramme und noch kein Internet hatten, löste das bei uns keine Begeisterungsstürme aus. Wenn du bei „Wetten, dass …?“ gesehen hattest, wie Siegfried und Roy Tiger und Löwen verschwinden lassen, beeindruckt es dich nur mäßig, dass der picklige Dirk aus der 8a die Pik-Sieben aus einem Kartenstapel zieht. (Im zweiten Versuch.)

Herr Winz bittet uns herein. Er ist Anfang 40 und trägt einen stattlichen Bart. Fast wie eine eigene Lebensform, die von seinem Gesicht Besitz ergriffen hat. Mit seinem verwaschenen Ramones-Shirt und seinen großflächigen Unterarm-Tattoos wirkt er etwas zu betont jugendlich. Wahrscheinlich dreht er seinen Stuhl immer um und setzt sich breitbeinig-kumpelhaft vor die Klasse. Den Stoff verpackt er ab und an in einen Rap, damit sich die Schülerinnen und Schüler das besser merken können. Die vergessen das peinliche Schauspiel aber lieber schnellstmöglich und damit auch den Inhalt.

Herr Winz erklärt, der Sohn hätte eine etwas unleserliche Schrift. Eine nette Umschreibung für dessen Sauklaue. Wäre aber nicht so wild. Für Jungs nicht ungewöhnlich, für Linkshänder sowieso. Solange er ein Wort erraten könne, werte er das als richtig.

Zum Schluss sagt Herr Winz, die Percy-Jackson-Präsentation des Sohns wäre spitze gewesen. Strukturiert, auf den Punkt und flüssig im Vortrag. Ich höre zum ersten Mal davon und sage: „Dafür haben wir auch richtig viel geübt.“

Wir warten auf dem Gang auf den Termin bei der Mathelehrerin, die noch im Gespräch ist. An der Wand hängt eine Ausstellung des Kunst-LK. Das erste Bild ist ein weißer Kreis auf weißem Papier und trägt den Titel „Weiß auf Weiß". Nummer 2 ist ein dicker grüner Klecks („Shrek hat geniest"), auf dem dritten steht FUCK in regenbogenfarbenen Buchstaben („Wenn Einhörner schlechte Laune haben") und das letzte Werk ist mit blauen Sprenkeln übersät („POV. Schlumpf mit Durchfall, der in die Kloschüssel schaut"). Ich hoffe, die Schülerinnen und Schüler haben alle fünfzehn Punkte bekommen.

Die Mathelehrerin Frau Kahn ist irgendwas zwischen Anfang 40 und Ende 50. Bei ihrem pastellfarbenen Kostüm kann ich mich nicht entscheiden, ob sie mich mehr an Franziska Giffey oder Dolores Umbridge erinnert.

Der Sohn ist nervös. Mathe ist nicht gerade sein Vorzeigefach. Mit vier konnte er schon bis 20 zählen, aber mit zwölf ist sein mathematisches Interesse erloschen. Statt Terme umzuformen, lineare Gleichungen zu berechnen oder Winkel an Figuren zu betrachten, zockt er lieber bis zur Daumenstarre an der Playstation.

Frau Kahn bemängelt, der Sohn sei im Unterricht immer sehr still. Sie wisse nicht, ob er konzentriert zuhöre oder abwesend sei, ob er den Stoff versteht oder gar nichts kapiert. Ich schätze, dass „abwesend" und „nichts kapiert" die korrekten Antworten sind, halte mich aber bedeckt, um dem Sohn nicht in den Rücken zu fallen.

Ohnehin finde ich, dass „still sein“ viel zu negativ besetzt ist. Die Welt wäre sicherlich kein schlechterer Ort, gäbe es mehr stille Menschen. Die nerven wenigstens nicht. Im Gegensatz zu den lauten. (Siehe Donald Trump, Mario Barth oder Uli Hoeneß.)

Letzter Termin. Bei Lateinlehrer Bubeling. Der steht kurz vor der Rente und hat die Dynamik eines altersschwachen Faultiers. Ich frage mich, wo er sein altmodisches Tweed-Jackett mit den Ärmelflicken gekauft hat. Wahrscheinlich im Cosplay-Laden in der Abteilung „Lehrer für tote Sprachen“.

Herr Bubeling fängt mit dem Positiven an: Die Vokabeltests des Sohns seien stets tadellos. Soweit ich weiß, pfeift er sich die Vokabeln immer am Vorabend auf dem Heimweg vom Judo-Training rein. Nun gut, wenn's reicht.

Dafür seien die Übersetzungen in den Klassenarbeiten katastrophal. Da müsse der Sohn mehr üben. Das ruft Erinnerungen an meinen eigenen Lateinunterricht hervor. Nachdem ich in der achten Klasse eine Sechs in Latein geschrieben hatte, nahm mein Vater die schwere Bürde auf sich, im Schweiße seines wie auch meines Angesichts mit mir für die nächste Arbeit zu lernen. Tagein, tagaus büffelten wir Vokabeln, paukten Grammatik und übersetzten Texte. Wochenlang. Meine Lernkurve war nicht besonders steil. Eher eine Parallele. Wenn ich mich richtig erinnere, war es zu dieser Zeit, dass mein Vater ergraute. (Sollte mein Vater dies lesen, sei ihm versichert, dass das Lateinlernen mit ihm zu meinen schönsten Kindheitserinnerungen zählt.)

Ich verspreche Herrn Bubeling, wir blieben da am Ball. Eine nichtssagende Floskel, die suggeriert, wir wären bereits an dem sprichwörtlichen Ball dran: Das war weder in der Vergangenheit der Fall noch in der Gegenwart und ich fürchte ebenso wenig in der Zukunft. Schließlich möchte ich nicht auch frühzeitig ergrauen.

Auf dem Weg nach draußen sage ich zum Sohn: „War eigentlich gar nicht so schlimm, oder?“ „Wir gehen da trotzdem nächstes Jahr nicht wieder hin“, antwortet er. Ich nicke und kaufe bei der Tochter zwei Stück Kuchen. Damit hat sich der Elternsprechtag doch noch gelohnt.

Kapitel 15:
Ich verstehe nur Bra-hof

„Wir machen Batzen über Nacht, Flucht unter Stadt, Flucht durch U-Bahn-Schacht, Capi ist jetzt da, ah, was los, du Hayvan?“ Ich höre mich bei Spotify durch das Œuvre von Capital Bra und habe Fragen. Sie wahrscheinlich auch. Zum Beispiel: „Capital Wer?“

Capital Bra ist Deutschlands erfolgreichster Rapper, bricht einen Streaming-Rekord nach dem anderen und hat mehr Nummer-1-Hits als ABBA und die Beatles vorzuweisen. Das weiß ich, weil der Sohn uns das erzählt hat. Nachdem er uns mitgeteilt hatte, er wolle auf das Berlin-Konzert des besagten Capital Bra gehen.

Laut Wikipedia ist der Erfolgs-Rapper in Sibirien geboren, lebte als Kind ein paar Jahre in der Ukraine und inzwischen in Berlin-Hohenschönhausen, eine minimale Verbesserung zu Sibirien. Mit bürgerlichem Namen heißt er Wladislaw Balowazki, was weniger nach Gangsta-Rap, sondern mehr nach Chef eines Handwerkerbetriebs klingt.

Da bald Weihnachten anstand, besorgten wir die gewünschten Tickets. Eins für den Sohn und eins für mich. Der Besuch eines Gangsta-Rap-Konzerts steht zwar nicht auf meiner Bucket-List, aber da ich im Schnick-Schnack-Schnuck gegen meine Frau verlor, muss ich die Begleitperson geben.

Ich kann nicht behaupten, dass ich verstehe, um was es in den Capital-Bra-Songs geht. Die Texte sind eine Mischung aus Slang-, Szene- und Phantasie-Worten, angereichert mit ein paar vermutlich osteuropäischen Vokabeln.

Von dem, was ich mir zusammenreime, scheint Wladislaw ein junger Mann zu sein, der körperlicher Gewalt nicht abgeneigt ist und gerne Leute fickt („Baller um mich, bums dich"), dessen Frauenbild nicht ganz dem aktuellen Stand des feministischen Diskurses entspricht („Ich will nur bitches, die blasen wie Coco Chanel"), der dem Konsum von Drogen frönt („Roll noch einen") und ein Faible für dicke Autos und teure Uhren hat („Roli, glitzer, glitzer").

Alles in allem nicht gerade ein Traum-Role-Model für dein Kind. Andererseits habe ich mit zwölf sehr viel Ärzte gehört. Die sangen von der fetten Elke, Geschwisterliebe und in mehreren Liedern von Claudias sexuellen Abenteuern mit einem Schäferhund. Da waren meine Eltern sicherlich auch nicht übermäßig begeistert. (Vor allem, weil meine Mutter Elke heißt.)

Konzerttag. Zwei Stunden bis zum Einlass. Der Sohn und ich stehen am Ende einer 300-Meter-Warteschlange.

Abgesehen von ein paar Eltern ist das Publikum um uns herum recht jung. Und überraschend brav und gut situiert. Die Gangsta-Quote ist überschaubar.

Nur ein Typ hinter uns verströmt ein wenig Street Credibility. Er ist Anfang 20, sein Basecap hat er tief in die Stirn gezogen, eine daumendicke Silberkette hängt über dem T-Shirt. Sein Gesichtsausdruck ist finsterer als bei Oliver Kahn, wenn er ein Tor kassierte. (Die Älteren erinnern sich.)

Den drei jungen Mädchen neben ihm erzählt er von seinem letzten Konzertbesuch. Bei Samra. (Wer auch immer das ist.) Der Auftritt war in seinen Worten voll „lit". (Was auch immer das heißt.). Beim Einlass sei es aber super „asi" gewesen. Voll das Gedrängel und Geschubse. Krass nervig.

Okay, der moderne Gangsta-Fan wünscht sich Disziplin, Ordnung und ein Mindestmaß an bürgerlichen Umgangsformen. Finde ich „lit". Oder „swag"?

Die Schlange bewegt sich sehr langsam vorwärts. Für das menschliche Auge kaum wahrnehmbar. Gleichzeitig rückt der Konzertbeginn immer näher. Wenn ich Glück habe, verpassen wir den Anfang.

Ein paar Meter vor uns warten zwei junge Frauen. In langen weißen Strickmäntel, darunter sehr kurze Hot Pants. Sehr, sehr kurze Hot Pants. Fast schon No Pants. Im ersten Moment denke ich, die beiden hätten schlicht vergessen, Hosen anzuziehen. Kann in der Vorfreude auf ein Konzert ja passieren.

Zwei Security-Männer fordern die knapp behosten Frauen auf mitzukommen. Nicht, um sie wegen exhibitionistischer Tendenzen des Platzes zu verweisen, sondern um sie zum VIP-Eingang zu bringen.

Um den Einlass zu beschleunigen, werden schließlich zusätzliche Türen geöffnet. Innerhalb von drei Sekunden verwandelt sich die Szenerie vom vorbildlichen englischen Queuing zum Sommerschlussverkauf bei KiK. Alle stürmen auf die Halle zu, als hätten sie Angst, etwas vom Konzert zu versäumen. Das kann ich von mir nicht behaupten. Ich finde das alles ein bisschen würdelos. Dem Sohn zuliebe stürme ich trotzdem mit.

In der Traube vor dem Eingang stehen wir nun hinter dem disziplinierten Gangsta-Fan und seinen drei Begleiterinnen. Er mustert mich von oben bis unten. Dann sagt er: „Bitte entschuldigen Sie vielmals, Sie waren doch vor uns. Nach Ihnen."

Warum, zur Hölle, siezt mich der ungezogene Lümmel? Ich bin doch gar nicht so viel älter. Also, als sein Vater. Ich bedanke mich mit einem „Yo, voll korrekt, Bruder!" Der Sohn hindert mich daran, meine Faust zum Brofist-Gruß auszustrecken.

Das Konzert geht los. Capital Bra springt auf die Bühne. In einem blau-weißen Hertha-Trikot. Meint er das ironisch? Deutschlands erfolgreichster Rapper trägt ein Shirt von Deutschlands spießigstem Fußballklub? Möglicherweise hat er eine Wette verloren.

Nach dem ersten Lied brüllt er: „Berlin!" Seine Frage, ob alle gut drauf sind, bejaht das Publikum enthusiastisch. Ich würde das gerne etwas differenzierter beantworten, aber da fängt schon der nächste Song an.

Musikalisch ist der Auftritt ziemlich bescheiden. Was ich gestern gehört hatte, war schneller, mehr auf den Punkt, dynamischer. Nach dem dritten Lied ruft Capi: „Ihr seid geil! Danke, Berlin!" und verlässt die Bühne. Ich bin verdutzt, aber auch dankbar für die Gnade des frühen Konzertendes.

„Bisschen kurz die Performance“, sage ich zum Sohn, während ich aufstehe. Der schaut mich entgeistert an. „Das war doch Brudi030.“ Aus seinem Blick spricht eine Mischung aus Fassungslosigkeit und Verachtung für meine peinliche Unkenntnis der Deutsch-Rap-Szene.

Die Halle verdunkelt sich, ein Countdown wird runtergezählt und bei Null rennen zwei Rapper auf die Bühne. Ich frage mich, wer von den beiden Capital Bra ist. Vielleicht ist einer Capital und der andere Bra? Nach meinem Brudi-Fauxpax traue ich mich nicht, den Sohn zu fragen.

Der erste Song dreht sich um Rolex, Gucci, Maybach, lila Scheine. Wohl eher keine subtile Kritik am globalisierten Raubtierkapitalismus. Anschließend begrüßt einer der Rapper – ich vermute Capital Bra – die Fans. „Seid ihr gut drauf, Bratans und Bratanistas?“ Ich weiß nicht, ob ich mich angesprochen fühlen soll. Der Sohn antworteten mit einem langgezogenen „Jaaa!“

Nun rappt der Wahl-Hohenschönhausener von „Taschen voller Batzen“. Was sind Batzen? Geld? Haschisch? Oder beides? Keine Ahnung. Dafür fallen mir ein paar 1a-Batzen-Reimwörter ein. Matratzen, Fratzen, Glatzen, schmatzen, patzen, einen vor den Bug latzen. Falls es bei Wladislaw rapmäßig mal klemmt, kann er sich bei mir melden.

Im Hintergrund läuft nun ein Video. Zwei dickbusige Frauen in knappen Bikinis räkeln sich auf einem Bett, Capital Bra liegt in der Mitte. Im Sinne der Gleichberechtigung trägt er auch kein Shirt. Das Lied behandelt diverse Sexualpraktiken, bei denen verschiedene Körperöffnungen genutzt werden. Das ist in dem Clip aber nicht zu sehen.

Bei einem der nächsten Songs wird es gefühlig. Ein Babe hat ihm den Kopf verdreht. „Nimm mein Herz, es ist deins. Pass drauf auf, nur für dich ist dort ein Platz." Bei so viel Romantik wandert mir das Abendessen säuerlich den Hals hoch.

Ein Gefühl, das sich beim Refrain verstärkt. „Cherry, cherry Lady", säuselt Capital Bra plötzlich ins Mikro. Deutschlands Rapper No. 1 covert einen Modern-Talking-Hit? Warum? Beziehungsweise: Da fuck? (Das Lied wird übrigens nicht besser, wenn es gerappt wird.)

Dann tritt ein Special Act auf: Samra. Der mit dem drängelnden und schubsenden Publikum. Die Menge in der Halle ist begeistert. Mir fällt dazu nur ein: „Tanze, Samra, mit mir, Samra, Samra, die ganze Nacht!" Wäre auch ein schönes Cover für den sibirisch-ukrainischen Rapper.

Anschließend werden sensationelle Neuigkeiten in Aussicht gestellt. „Wollt ihr die hör'n?" Das Publikum will. Wladi, der alte Zeremonienmeister, stellt die Frage immer wieder und wieder. Nach dem fünften „Wollt ihr die hör'n?" erwarte ich mindestens, dass er ein Rezept für zucker-, fett- und kalorienfreien, aber trotzdem leckeren Käsekuchen erfunden hat.

Meine Hoffnung wird enttäuscht. Capital Bra kündigt lediglich ein Kollabo-Album mit Samra an. Ich stehe dem Projekt mit maximaler Gleichgültigkeit gegenüber, dafür flippen die Fans aus wie seinerzeit die ausreisewilligen DDR-Bürger, als Hans-Dietrich Genscher in der Prager Botschaft seine berühmten Worte sagte: „Wir sind zu Ihnen gekommen, um Ihnen mitzuteilen, dass heute Ihre Ausreise …"

Als letzte Zugabe rappt Capital Bra „Bra macht die AK". Der Sohn erweist sich als erstaunlich textsicher. Wegen des gewalt- und drogenverherrlichenden Inhalts etwas bedenklich. Allerdings habe ich früher auf Oberstufen-Partys mit aus heutiger Sicht befremdlicher Begeisterung „Claudia hat 'nen Schäferhund" gegrölt. Das war auch keine Lyrik auf Thomas-Mann-Niveau.

Als wir die Halle verlassen, sagt der Sohn: „Im Herbst ist die nächste Tour von Capital Bra. Da sind wir wieder am Start, oder Papa?" Ich nicke. „Aber mit dem Platin-VIP-Paket. Da können wir ihn vor dem Konzert treffen und Selfies machen", erklärt er.

„Platin-VIP-Paket? Da muss ich vorher ein paar lila Scheine klarmachen, kuku Bra", sage ich zum Sohn. So, wie er schaut, will er vielleicht doch lieber mit seiner Mutter zu dem Konzert gehen.

Kapitel 16:

Zimmer machen Leute

„Ich will ein neues Zimmer." Wir sitzen beim Abendbrot, als der Sohn seinen räumlichen Veränderungswunsch verkündet. Er möchte nicht ausziehen, sondern den deutlich größeren Raum seiner Schwester übernehmen, die letzte Woche zum Studium nach Stockholm gegangen ist.

Seine alten Kindermöbel nehme er nicht mit, sagt er. Schließlich sei er fast 16 und da könne er unmöglich länger in einem Kinderzimmer wohnen. Er bräuchte eine richtig coole Einrichtung. Seinem ernsten Tonfall entnehme ich, alles andere sei eine nicht hinnehmbare Zumutung.

Ich reagiere zurückhaltend. Die Umwandlung eines Kinder- in ein Jugendzimmer ist unweigerlich mit Renovierungsarbeiten, der Anschaffung neuen Mobiliars und somit mit beträchtlichen Investitionen verbunden. Das ist ein Problem: Ich habe eine gleichermaßen starke Abneigung gegen Heimwerken, Möbelhäuser und Geldausgeben.

Anderseits ist der Sohn in den letzten zwei Jahren 25 Zentimeter gewachsen, hat sich stimmlich von einem Regensburger Domspatz in Tom Waits verwandelt und an seinem ganzen Körper sprießen Haare. Wer fast so groß ist wie ich, die tiefste Stimme in der Familie hat und – theoretisch – etwas Schnurrbartartiges im Gesicht tragen kann, der ist dem Kinderzimmer tatsächlich entwachsen. Das Projekt Jugendzimmer lässt sich also nicht vermeiden.

Samstagmorgen. Der Sohn und ich betreten den örtlichen Baumarkt. Ich fühle mich unwohl. An keinem Ort der Welt ist meine Männlichkeit fragiler als in einem Baumarkt. (Außer vielleicht in einem Mixed-Martial-Arts-Käfig.)

Die Männer tragen hier alle schwere Schuhe und Arbeitshosen aus dickem Stoff. (Die Frauen auch.) Aus den Taschen schaut Werkzeug hervor, von dem ich nicht weiß, wie es heißt, ihre schwieligen Hände zeugen von harter körperlicher Arbeit, und sie sagen Sachen wie: „Wenn ich das durch Wagoklemmen ersetze, die Adern ein Stück kürze und alles abisoliere, läuft das wieder wie's Lottchen."

Mit meiner ausrangierten Jeans, die mit Farbklecksen übersät ist und die ich nur alle Jubeljahre bei Renovierungsarbeiten hervorkrame, sehe ich wie jemand aus, der sich als Handwerker verkleidet hat, aber nicht weiß, wie Handwerker aussehen. Ich traue mich auch nie, etwas zu fragen. Aus Angst, ich sage irgendwas Dummes, das mich als Hochstapler entlarvt, der hier nichts zu suchen hat. („Ich brauche für unseren Badewannen-Wasserhahn so einen Nupsi. Zum Wasserumschalten für die Brause. Diesen Nippel, den man so hochziehen muss.")

Heute bin ich zuversichtlich, mich nicht zu blamieren. Wir müssen nur weiße Wandfarbe kaufen. Das überfordert selbst einen DIY-Trottel wie mich nicht. Ein Trugschluss, wie sich vor dem Wandfarben-Regal herausstellt. Denn Weiß ist nicht gleich Weiß. Nein, hier stehen 138 verschiedene Weißtöne zur Auswahl. Deckweiß, Malerweiß, Arktisweiß, Polarweiß, Power Weiß, Universalweiß, Wohlfühlweiß, Naturweiß, Umweltweiß, Altweiß, Chalk White, Perlweiß, Topweiß, Reinweiß und Was-weiß-ich-noch-Weiß.

Um zusätzliche Verwirrung zu stiften, werden verschiedene Ausführungen angeboten: hochglänzend, glänzend, seidenglänzend, seidenmatt, matt, edelmatt und tuchmatt. Erschwerend kommt hinzu, dass Farbe nicht gleich Farbe ist. Nein, es gibt Latexfarbe, Leimfarbe, Kaseinfarbe, Dispersionsfarbe, Strukturfarbe, Silikatfarbe und vieles mehr. Was, bitte schön, ist Kasein?

Ich frage den Sohn, welche Farbe er möchte. Der zuckt mit den Schultern. Er verließe sich da ganz auf meine Expertenmeinung. Wie naiv. Und wenig hilfreich.

Mir bleibt nichts anderes übrig, als mich von einem Baumarkt-Mitarbeiter beraten zu lassen. Zu meiner großen Überraschung finde ich sofort einen, und zu meiner noch größeren Überraschung rennt er nicht vor uns weg.

Nachdem ich unser Anliegen geschildert habe, beweist der Mann Fachkompetenz, Menschenkenntnis und Verkaufstalent. Er empfiehlt eine Marke des oberen Preissegments. Auch Leute, die nur selten streichen und Sorge haben, sie bekämen das nicht hin, erzielten damit sehr gute Ergebnisse. Ich schlage sofort zu.

Auf dem Weg zur Kasse holen wir sicherheitshalber noch Pinsel, Kreppband und Abdeckfolie, denn ich bin mir nicht sicher, ob wir das vorrätig haben. Weil ich das nie weiß, besitzen wir so viel Kreppband und Abdeckfolie, dass Christo damit noch einmal den Reichstag einwickeln könnte. (Die Performance-Kunstinteressierten erinnern sich.)

Den restlichen Tag verbringen wir mit Renovierungsarbeiten und Malern. Ich zeige dem Sohn, wie er am besten die Leisten abklebt, wie Löcher zugespachtelt werden, wo zuerst gestrichen werden muss und was beim Aufbringen der Farbe zu beachten ist. Nie war das Sprichwort, „den Bock zum Gärtner machen" zutreffender. Beziehungsweise „den Bock zum Anstreicher machen". Wer hätte gedacht, dass ich dem Sohn mal Handwerker-Tipps gebe? Was kommt als nächstes? Donald Trumpf führt seine Kinder in die Techniken der gewaltfreien Kommunikation ein?

Trotz - vielleicht auch wegen - meiner Einweisung stellt sich der Sohn beim Streichen nur mäßig geschickt an. (Ein Satz, den ich mit größtmöglicher väterlicher Liebe und Zuneigung schreibe.) Das Kreppband zerreißt ihm und bleibt nicht an der Fußleiste haften, er steckt die Malerrolle linkisch in den Farbeimer, beim Abstreifen tropft die Farbe großflächig um den Eimer herum, und dann fährt er viel zu zaghaft mit der Rolle über die Wand.

Es ist nicht zu leugnen: Der Sohn hat meine DIY-Gene geerbt. (Das arme Kind.) Hoffentlich verdient er später genug Geld, um Handwerker zu bezahlen.

Am nächsten Morgen kontrollieren der Sohn und ich die gestrige Arbeit. Der Baumarktmitarbeiter hatte recht. Mit der teuren Farbe erzielst du auch als ungeübter Freizeitmaler gute Ergebnisse. Außer an den Stellen, die du als ungeübter

Freizeitmaler wegen der schlechten Lichtverhältnisse übersehen hast. Die musst du dann heute nachstreichen.

Anschließend widmen wir uns den neuen Möbeln. Vor allem meine Frau. Die ist eine begeisterte Möbelaufbauerin. Zum Beispiel hat sie ganz allein unseren monströs großen Kleiderschrank montiert. Und die dazugehörige Wäsche-Kommode. Und unsere – ebenfalls sehr voluminöse – Küchenanrichte. Und diverse Regale. Im Prinzip 90 bis 95 Prozent unseres Interieurs.

Darauf ist sie sehr stolz und sie erzählt gerne davon. Und häufig. Für meinen Geschmack etwas zu gerne und zu häufig. Ich habe das Schuhbänkchen im Flur auch ohne jedwede Hilfe zusammengeschraubt und reibe das nicht jedem unter die Nase. (Wobei, wenn ich mich recht entsinne, musste da gar nichts geschraubt werden, sondern nur gesteckt. Aber das tut nichts zur Sache.)

Statt seines Kinderschreibtischs hat der Sohn nun einen Gamer-Tisch. In stylishem Schwarz mit Leuchtdioden am Rand. Von der linken Seite geht eine Verlängerung im 90-Grad-Winkel ab. Da kann er seine Hausaufgaben machen. Zumindest in der Theorie. In der Praxis erledigt er die auf dem Bett. Manchmal auch auf dem Schulklo. Und in seltenen Fällen gar nicht.

Sein Hochbett wollte er auch nicht mehr, sondern ein normales Bett. Aber Kingsize. Damit er genug Platz hat. Für welche Aktivitäten er Kingsize-Ausmaße benötigt, fragten wir lieber nicht nach. Wir waren schon froh, dass wir ihm die schwarze Bettwäsche ausreden konnten. Die sähe zwar chic aus, aber nur kurz. In seinem Alter noch kürzer.

Auf einen Kleiderschrank verzichtete der Sohn zugunsten einer Kleiderstange. Das wäre viel cooler. Ich finde ja, das sieht nicht cool, sondern nach Klamottenladen aus. Meine Meinung zählt aber nicht. Sie ist sogar nicht erwünscht. Nun gut, wenn der Sohn in einem H&M-Ambiente wohnen möchte, ist das seine Sache.

Zuletzt dekorieren wir die Wände. Wir hängen metallene Poster mit Lebensweisheiten berühmter Persönlichkeiten auf. Über dem Schreibtisch mahnt nun Rocky Balboa: „Life's not about how hard of a hit you can give ... It's about how many you can take, and still keep moving forward."

Das Leben auf einem humanistischen Gymnasium in einem sehr bürgerlichen Berliner Viertel scheint härter zu sein, als man denkt.

Neben die Kleiderstange kommen vier kurze weiße Regalbretter. Auf denen will der Sohn seine Sneaker ausstellen. Hat er wahrscheinlich bei irgendeinem Influencer gesehen.

So viele Sneaker hat er nicht. Außerdem sind sie meistens so schmutzig, dass sie den Raum nur bedingt als dekoratives Element verschönern. Wegen Ansichten wie diesen hält der Sohn mich immer häufiger für einen Kleingeist und holt sich seine innenarchitektonischen Einrichtungstipps lieber auf TikTok und Instagram.

Der Sohn ist sehr zufrieden mit seiner neuen „Crib". Ein wenig steril und unbewohnt sieht sie noch aus. Dieses

Problem ist jedoch nach drei Tagen behoben. Dann breiten sich alte Klamotten, schmutziges Geschirr und benutzte Taschentücher auf Boden, Bett, Regal, Schreibtisch und sonst wo aus, die Menge an leeren Pfandflaschen reicht aus, um seine Altersvorsorge abzusichern, in halbleeren Joghurtbechern wachsen neue Lebensformen heran. Jetzt ist es eine richtige Teenager-Bude.

Kapitel 17:
Nicht fürs Abi, für die Schokolade lernst du

„Was bekomme ich, wenn ich ein besseres Abi mache als du?“ Der Sohn schreibt nächste Woche seine erste Klausur zu Erlangung der allgemeinen Hochschulreife und sucht nach Lern-Incentives. Der Wert der Bildung scheint nicht Ansporn genug zu sein.

Ich biete eine Tafel Schokolade an. Der Sohn hat eher ein Auto im Sinn. Oder eine Reise nach Bali. Oder wenigstens das neueste iBook mit allem Pipapo. Ich frage mich, wo er die letzten siebzehn Jahre gelebt hat, dass er uns für Millionäre hält, die mit PKWs, Weltreisen und modernster Computertechnik um sich schmeißen.

Meinen Vorschlag, ihm einen Kuss auf die Stirn zu geben, befriedigt ihn ebenfalls nicht. Im Grunde geht es ihm gar nicht um materielle Geschenke, sondern um die Ehre. Die Ehre, das beste Abi der Familie zu haben. Hoffe ich zumindest, denn er bekommt definitv kein Auto von uns zum Abi.

Diesen Titel habe bisher ich inne. Mit 2,2. Was okay, aber nicht überragend ist. Allerdings bin ich in Rheinland-Pfalz zur Schule gegangen. Da mussten wir drei Leistungskurse belegen. Nicht wie meine Frau, die für ihr hessisches Notabitur nur zwei Leistungskürschen brauchte. (Kleiner Scherz. Den Menschen in Hessen sei versichert, dass ihr Abitur genauso viel wert ist. Die bayerische Leserschaft sieht das womöglich anders.)

Der Sohn ist zuversichtlich, meine Abschlussnote zu schlagen. Er hätte in allen Halbjahren im Schnitt zwischen 2,1 und 2,3 gelegen, das würde reichen. Bei der Berechnung der Durchschnitte hat er jene Kurse ignoriert, die er nicht einbringen muss. Was konsequent ist, weil er das die gesamte Oberstufe getan hat.

Ich sage, die Note sei doch gar nicht so wichtig. Er lerne ja nicht für die Schule, sondern fürs Leben. Was selbstverständlich Unfug ist. Oder haben Sie schon einmal mit Hilfe einer Kurvendiskussion einen Platten geflickt? Genau, ich ebenfalls nicht. Mir ist auch noch kein Klempner untergekommen, der gesagt hat: „Bei verstopften Abflüssen nehme ich immer Schillers Glocke. Damit bekommste wirklich jedes Rohr frei." Und welcher Bankberater gewährt dir bessere Kreditkonditionen, wenn du ihm den Prozess der Photosynthese erläuterst?

Der Sohn und ich einigen uns schließlich auf einen Einsatz von fünf Tafeln Schokolade. Somit lernt er weder für die Schule noch fürs Leben, sondern für Schokolade.

Abi-Klausur Nummer 1. In Philosophie. Das war in der Oberstufe sein Lieblingskurs. Weil man da nachdenken und labern konnte, so der Sohn. Ein bisschen wie im Berufsleben, denke ich. Wobei dort das Nachdenken häufig etwas zu kurz kommt.

Der Philo-Unterricht war durch sehr viele Exkursionen geprägt. Ins Gefängnis, zum Deutschen Ethikrat, ins Humboldt Forum oder auch mal ins Kino, um „Barbie" zu schauen.

So viele Ausflüge wie der Lehrer organisiert hat, leidet er vermutlich an einer hochgradigen Klassenzimmer-Phobie.

Die aufschlussreichste Exkursion fand zum Thema „Der Mensch als Mängelwesen“ statt. Um der These nachzugehen, dass den Menschen im Gegensatz zu Tieren Schutz- und Kampforgane fehlen und es ihnen an Instinkten mangelt, war eine Übernachtung im Wald geplant. Ohne Zelte, nur mit Schlafsäcken auf dünnen Planen. Der Lehrer sagte die Aktion aber kurzfristig ab. Weil es zu kalt werden sollte und das Erkältungsrisiko zu groß war. Besser konnte die Frage nach dem Mängelwesen nicht beantwortet werden.

Als der Sohn von der Klausur nach Hause kommt, ist er sehr zufrieden. Das freut mich für ihn, obwohl es meine Aussicht auf Schokolade möglicherweise schmälert. Der Bereich Moralphilosophie kam dran. Ein Vergleich zu Foucault, Bentham und einem deutsch-koreanischen Philosophen, von dem ich noch nie gehört habe und dessen Namen mir sofort wieder entfällt, nachdem der Sohn ihn ausgesprochen hat. (Die Herren Foucault und Bentham sind mir aus meinem Studium der Sozialwissenschaften zwar namentlich, aber auch nicht inhaltlich bekannt.)

Für den Sohn ist die Arbeit optimal gelaufen. Er habe sich fast nur auf Moralphilosophie vorbereitet, erzählt er mir. (Und mit „fast nur“ meint er „ausschließlich“.) Bei allen anderen Themen wäre er ziemlich blank gewesen. Eine Information, bei der ich froh bin, sie erst nach der Klausur erfahren zu haben.

Englisch-Abi. Erneut hat der Sohn eine fokussierte Lernstrategie gewählt und sich auf ein Thema konzentriert: Social Media. Quasi sein Hobby zum Beruf gemacht. (Schlafen, Chillen, Zocken und mit Freunden abhängen standen zu seinem Leidwesen thematisch nicht zur Auswahl.) Auf „dystopian novels" hatte er keine Lust. Wahrscheinlich ist ihm die Realität dystopisch genug.

Der Sohn meint nach der Klausur, er habe ein sehr gutes Gefühl. Das mache ihm allerdings ein schlechtes Gefühl. Ich kenne das. In meiner Schulzeit lag ich auch nur richtig, wenn ich eine schlechte Note erwartete. Mal sehen, was sein Gefühl für unsere Schoko-Wette bedeutet.

Letzte Klausur: Deutsch. Ein drittes Mal pokert der Sohn, ein drittes Mal hat er Glück. Er hat auf Woyzeck gesetzt, und der kommt dran. Eine literarische Erörterung, ob Woyzeck Subjekt oder Objekt ist. Oder irgendwie so ähnlich, sagt der Sohn. Wenn er die Frage genauso grob beantwortet hat, wie er sie mir zusammenfasst, könnte das meine Schoko-Chancen erhöhen.

Woyzeck habe ich in der Schule auch mal gelesen. Ich erinnere mich aber kein µ an die Handlung. (Ich erinnere mich sogar so wenig, dass ich bei jedem Woyzeck in diesem Text nachschlagen muss, wie die korrekte Schreibweise ist.)

Während Woyzeck aus den Gefilden meines Langzeitgedächtnisses verbannt wurde, weiß ich dafür nach fast vierzig Jahren immer noch, dass Boris Becker 1985 seinen ersten Wimbledon-Titel gegen einen Südafrikaner namens Kevin

Curren gewann. In vier Sätzen. Mit einem Service-Winner von links nach rechts zum Schluss. Ob mir diese lexikalische Tennis-Expertise einen Vorteil im Abi-Wettstreit mit dem Sohn einbringt? Ich glaube nicht.

Nach der mündlichen Geschichts-Prüfung – zu Demokratie in der Antike sowie Repression und Opposition in der DDR – berichtet der Sohn, er hätte zu allen Fragen etwas sagen können. Ob seine Antworten richtig waren, vermag er nicht zu beurteilen. Das Schoko-Pendel schlägt leicht in meine Richtung aus.

Als Letztes steht die gemeinsame Präsentationsprüfung mit seinem besten Freund Jonas an. Zum Thema: „Ritalin: Fluch oder Segen?" Inwiefern das ADHS-Medikament beim Lernen helfen kann, und was dabei die biologischen, aber auch ethischen Probleme sind.

Die beiden schlugen der Lehrerin vor, im Selbstversuch Ritalin zu nehmen, um aus erster Hand über die Wirkungen berichten zu können. Die meinte, das sei eine originelle Idee, für einen Abi-Vortrag aber nicht ganz angemessen. Was die freundliche Umschreibung ist für „Ihr habt wohl nicht alle Latten am Zaun."

Für die Prüfung biete ich den beiden meine Unterstützung an. Ich erstelle beruflich jede Woche zwei bis drei PowerPoint-Vorträge. Bei aller Bescheidenheit würde ich mir da eine gewisse Kompetenz zuschreiben. Meine Kinder haben in ihrer Schullaufbahn trotzdem immer auf meine Präsentations-Tipps verzichtet.

Ein bisschen wurmt mich das. Der Nachwuchs von Roger Federer bringt sich ja auch nicht selbst das Tennisspielen bei, ohne ihn um Rat zu fragen. Aber vielleicht wollen meine Kinder ihre Präsentationen ohne meine Hilfe entwerfen, um mir zu beweisen, dass sie das allein können. Oder – und das möchte ich nicht ausschließen – sie halten mich gar nicht für den Roger Federer der PowerPoint-Folien. (Wahrscheinlich wissen sie gar nicht, wer Roger Federer ist.)

Diesmal darf ich mir die Präsentation anschauen. Sie sieht insgesamt gut aus. Keine blinkenden Überschriften, keine einfliegenden Textblöcke und auch keine anderen bizarren Effekte, bei denen du dich fragst, warum sie jemals programmiert wurden. (Niemand, wirklich niemand möchte sehen, wie einzelne Sätze in eine Folie hüpfen. Außer auf einer Clowns-Convention.) Aus Prinzip nehme ich ein paar kleinere kosmetische Anpassungen vor. Um meinen Ruf als PowerPoint-Genie zu wahren.

Im Anschluss an den Vortrag erzählt der Sohn, sie hätten gutes Feedback bekommen. Auch für die Präsentation. Sehr gut. Sollte der Sohn ein besseres Abi machen als ich, kann ich behaupten, es lag ganz allein an meiner PowerPoint-Unterstützung.

Eine Woche später. Tag der Entscheidung. Der Sohn bekommt die Ergebnisse seiner Abi-Prüfungen mitgeteilt. 2,3. Großzügig erkläre ich dem Sohn, er müsse mir keine Schokolade kaufen. Darauf lässt er sich nicht ein. Wettschulden seien Ehrenschulden.

Möglicherweise sähe er das anders, wenn er wüsste, dass ich eine riesige Trophäe bestellt habe, die dem Champions-League-Henkelpott nicht unähnlich ist. Mit meinem Namen eingraviert und der Inschrift „Bestes Familien-Abi aller Zeiten". Jetzt muss ich nur noch den Schulleiter überzeugen, mir den Pokal auf dem Abiball zu überreichen.

Kapitel 18:

Wenn ich groß bin, werde ich Gott

„Herzlichen Glückwunsch zu eurem Filius. Ein Abi mit 1,0 und dann noch einen Studienplatz in Medizin in Heidelberg. Donnerwetter." Wir sind auf dem 80. Geburtstag meines Vaters, und ich bin verwirrt. Erstens weiß ich nicht, wer der Mann ist, der mit mir spricht. Vielleicht der Apotheker, den ich seit 20 Jahren nicht gesehen habe? Und zweitens frage ich mich, wie er auf die Idee kommt, der Sohn hätte einen Einser-Abschluss gemacht. Dass er Arzt werden will, ist mir auch neu. Und Heidelberg? Weiß ich zu wenig über sein Leben? Rede ich nicht genug mit ihm?

Ich gehe zum Sohn und will wissen, was da los ist. Er nippt an seinem Sekt. Ihn langweile, dass alle fragen, was er jetzt machen will. Wo er doch keine Ahnung hat. Deswegen denke er sich jedes Mal etwas anderes aus. Das sei für alle Beteiligten interessanter.

Die Zukunftspläne des Sohns sind tatsächlich noch unausgegoren. Mit dem Abitur stehen ihm eigentlich alle Möglichkeiten offen. (Außer vielleicht ein Mathematik-Studium.) Bisher schwirren aber lediglich ein paar Ideen in seinem Kopf umher. Möglicherweise Psychologie. Oder Kommunikationswissenschaft. Oder doch Philosophie. Sportwissenschaft wäre auch eine Möglichkeit. Oder etwas Praxisnäheres, zum Beispiel Event-Management. Oder erstmal eine Ausbildung zum Rettungssanitäter.

Als der Sohn im Kita-Alter war, sagte er den schönen Satz: „Ich mag Gott. Wenn ich groß bin, werde ich Gott." Damit hatte er als Vierjähriger konkretere Vorstellungen von seinem späteren Berufsweg als mit fast 18.

Unterdessen spricht eine Schulfreundin meiner Mutter den Sohn an. Er sähe seine Zukunft als Landschaftsgärtner, sagt er. Er liebe Blumen und Pflanzen. Darüber hinaus sei er gerne an der frischen Luft. Da könne er sich keinen besseren Beruf vorstellen. In der Realität hat er von Blumen und Pflanzen weniger Ahnung als ein Seelöwe vom Stepptanzen. Raus in die Natur geht er nur, wenn ihn jemand mit vorgehaltener Waffe dazu zwingt.

Der Sohn fragt die Frau, was ihre Lieblingsblume sei. „Gerbera." „Ah, eine gute Wahl, die leuchten immer so schön." Ich denke nicht, dass der Sohn den Hauch eines Schimmers hat, wie Gerbera aussehen. Zugegebenermaßen ich ebenfalls nicht. Allerdings mache ich auch niemandem weis, mein Lebenstraum sei die Landschaftsgärtnerei.

Nun verwickelt ein Klassenkamerad meines Vaters den Sohn ins Gespräch. Dem erzählt er, dass er eine Karriere als Astrophysiker erwäge. Weil er früher gerne „Lauras Stern" gesehen habe, schon als Kind Astronaut werden wollte und dann zur ISS fliegen könnte.

Dass der Sohn wegen seiner Weitsichtigkeit eine Brille trägt, die eine extraterrestrische Laufbahn unmöglich macht, fällt dem Schulfreund nicht auf. Er ist selbst leidenschaftlicher Hobby-Astronom und hält aus dem Stegreif einen detaillierten Vortrag über das Planetensystem, schwarze Löcher und die Ausdehnung des Weltalls.

Der Sohn nickt regelmäßig und sagt: „Interessant.", „Davon habe ich gelesen." oder „Das wollte ich auch gerade sagen." Wissen bei vollkommener Ahnungslosigkeit vorzutäuschen, hat er im Chemie-Unterricht gelernt. Schön, dass die Schule die jungen Menschen doch aufs Leben vorbereitet.

Zwar ist sich der Sohn über seine beruflichen Pläne nicht im Klaren, dafür hat er aber sehr genaue Vorstellungen für die nächsten zwölf Monate. Zunächst will er jobben – vorzugsweise in der Gastronomie, wo steuerfreies Trinkgeld winkt –, mit den Kumpels abhängen und dann mit Jonas, seinem besten Freund, ein paar Monate Asien bereisen. Kein „Eat, Pray, Love", sondern „Work, Chill, Travel".

Nach der ganzen Abi-Lernerei müsse er sich erholen und endlich sein Leben leben, hat er uns erklärt. Was sich anhört, als wäre er die letzten Jahre nicht zur Schule gegangen, sondern hätte im Untertagebau geschuftet und auf jedwede Freizeitaktivität verzichten müssen.

Mir war gar nicht klar, wie hart sein Schülerleben war. Ich war eher der Meinung, der Sohn hätte seine School-Life-Balance stets im Blick gehabt. Mit starker Betonung auf Life. Nicht selten saß er auf dem Life-Ende der Balance-Wippe und machte sich so schwer, dass die School-Seite in der Luft schwebte und nicht runterkam.

Aber ich verstehe den Wunsch des Sohns nach Entspannung. Die ersten drei Monate nach dem Abi habe ich ebenfalls nichts gemacht. Ausgeschlafen, mich mit Freunden getroffen und feiern gegangen. Im Nachhinein erstaunlich, dass meine Eltern das tolerierten.

Vielleicht, weil ich meine Mutter freitags immer zum Einkaufen fuhr. Zuerst zum Discounter und anschließend zum Supermarkt. Meine Eltern wohnen in einem kleinen Ort, wo sich alle kennen. Gleichzeitig ist meine Mutter einem Plausch nicht abgeneigt. Daher waren wir für unsere Einkaufstour häufig den halben Tag unterwegs. (Sollte meine Mutter dies lesen, sei ihr versichert, dass der gemeinsame Wochenendeinkauf mit ihr natürlich zu meinen schönsten Jugenderinnerungen zählt.)

Gerade erzählt der Sohn Tante Gisela von seiner anstehenden Ausbildung zum Tischler. Er möge das Handwerkliche, baue gerne Sachen und Holz fühle sich so gut an. Und der Geruch erst!

Tatsächlich ist der Sohn handwerklich so ungeschickt, dass er Schwierigkeiten hat, eine Schraube in die Wand zu drehen. (Er kommt da ganz nach seinem Vater.) Eine Säge hatte er noch nie in der Hand, was auch besser ist, weil er damit sich und seine Umwelt gefährden würde. Dass er etwas gebaut hat, ist schon sehr lange her. Da war er drei, und wir stapelten seine Holzbauklötze zu riesigen Türmen, um sie dann krachend zum Einsturz zu bringen.

Tante Gisela ist trotzdem begeistert. Das sei sehr zukunftsträchtig, wo Handwerker doch so dringend gesucht würden. Das stimmt zwar, aber ich glaube, nicht so dringend, dass der Sohn einen Ausbildungsplatz im holzverarbeitenden Gewerbe bekommt.

Jetzt spricht der Sohn mit einer Frau, die ich nicht kenne. Vielleicht die Gattin des vermeintlichen Apothekers? Sie lauscht gebannt, wie der Sohn ausführt, er ginge für ein Jahr nach Afrika. Um Kinder zu unterrichten. Oder um Brunnen zu bohren. Oder um Kinder im Brunnenbohren zu unterrichten. Danach wolle er Theologie studieren. Ob evangelisch oder katholisch, wisse er noch nicht.

Dann geht der Sohn unter die Start-upper. Er pitcht dem Nachbarn meiner Eltern seine Geschäftsidee: Eine App, die deine Mahlzeiten trackt und dann mittels künstlicher Intelligenz eine neue Eissorte individuell auf dich zugeschnitten entwickelt, die wiederum per 3-D-Druck samt Waffel hergestellt wird. Da wären die tollsten Kreationen möglich. Döner-Karamell, Schoko-Wasabi-Quinoa oder Sushi-Vanille mit Tzatzikinote. Einen Namen für die App hätten sie auch schon: iCeCreamer.

Bevor der Sohn weiterzieht, sagt er dem Nachbarn, falls dieser in das Start-up investieren wolle, sei er über die Großeltern erreichbar. Im Weggehen macht er mit Daumen und kleinem Finger eine Telefongeste.

Schließlich geht der Sohn dazu über, die Gäste proaktiv über seine zukünftige Karriere zu informieren. Wenn ich nicht den Überblick verloren habe, will er Archäologe, Fliesenleger, Meeresbiologe oder Influencer werden. Oder einen Skater-Laden eröffnen. Orchestermusiker bei den Berliner

Philharmonikern ist ebenfalls eine Option. (Mit Pauke und Triangel.)

Ich bin beeindruckt, wie überzeugend er dabei rüberkommt. Und ein wenig verstört. Sollten sich alle seine Pläne zerschlagen, könnte er immer noch Hochstapler werden. Oder Gott.

Epilog:

99 weise und unweise Gedanken für meinen Sohn, der bald loszieht, die Welt zu entdecken

Kurz nach deiner Geburt hielt ich dich im Krankenhaus im Arm und versprach dir: „Ich werde alles versuchen, um dir ein guter Vater zu sein, dich zu beschützen und für dich zu sorgen." Du schautest mich ernst an und dachtest: „Was heißt hier versuchen? Streng dich verdammt nochmal an. Und wenn ich zwölf bin, will ich eine Playstation." Dann hast du die Augen zugemacht und geschlafen.

Mittlerweile kann ich dich nicht mehr auf dem Arm halten. Du bist fast so groß wie ich, deine Stimme ist tiefer als meine und du lässt dir einen Bart wachsen. (Zumindest dort, wo etwas wächst.) Bald brichst du auf, um mit deinem besten Freund Asien zu bereisen. Möget ihr Erinnerungen, Erfahrungen und Erlebnisse für euer ganzes Leben sammeln. (Deine Mama und ich werden drei Monate schlaflose Nächte sammeln.)

Nach deiner Rückkehr wirst du ein Studium oder eine Ausbildung beginnen, irgendwann ausziehen und schließlich auf eigenen Füßen stehen. Für mich stellt sich die Frage, was ich dir auf deinem weiteren Lebensweg noch mitgeben kann. Wahrscheinlich gar nicht so viel. Du bist in den letzten achtzehn Jahren schon zu einem wunderbaren Menschen herangewachsen: hilfsbereit, witzig, empathisch, offen und mit dem Herz am rechten Fleck.

Ich habe trotzdem ein paar weise und unweise Gedanken aufgeschrieben, die vielleicht hilfreich sind. Falls nicht für dich, dann für mich. Ich wünschte, ich würde mich nur an die Hälfte dieser Ratschläge halten.

- „Heute ist der letzte Tag vom Rest deines Lebens" klingt wie ein beschissener Spruch aus „Das Café am Rande der Welt", ist aber trotzdem wahr. Carpe diem so oft und so hart, wie du kannst.
- Eine Serie bingen oder auf dem Bett chillen sind auch ein guter Nutzen deines Tages. „Das Café am Rande der Welt" lesen nicht.
- Dein Leben ist zu kurz, um dich mit negativen Menschen zu umgeben.
- Dein Leben ist zu kurz, um rohen Kohlrabi zu essen.
- Kümmere dich nicht um eine „Karriere". Tue das, was dich interessiert, kümmere dich um deine Bedürfnisse und mache immer wieder etwas Neues. Schaust du später zurück, hattest du vielleicht so etwas wie eine „Karriere".
- Wenn du denkst, jemand ist normal, kennst du ihn nicht gut genug.
- Traue niemandem mit dem WhatsApp-Status: „Träume nicht dein Leben, lebe deinen Traum."
- Traue auch niemandem mit dem WhatsApp-Status: „Man sieht nur mit dem Herzen gut." (Traue prinzipiell niemandem, der den kleinen Prinzen zitiert.)

- Du musst nicht jeden mögen und kannst andere total bescheuert finden. Behandle trotzdem alle mit Respekt.
- „Niemand ist perfekt. Wenn du nach Schlechtem suchst, findest du es. Wenn du nach Gutem suchst, findest du es. Wähle weise, wonach du suchst."
  Lex Fridman.
- Lerne Widersprüche auszuhalten.
  Auch deine eigenen.
- Sei nachsichtig mit anderen. Sei nachsichtig mit dir selbst. Sei nachsichtig mit deinen Eltern.
- Toleriere andere Meinungen, auch wenn du sie nicht teilst.
- PUR gut finden, ist keine Meinung, sondern eine Geschmacksverwirrung.
- Sei freundlich. Immer.
- Die beste Antwort auf eine Beleidigung:
  „Wahrscheinlich hast du recht."
- Wenn du eingeladen warst, schreibe am nächsten Tag und bedanke dich.
- Wenn du woanders übernachtest, ziehe morgens das Bett ab.
- Wenn du jemanden umarmst, lasse immer als Letzter los. Außer die Person möchte nicht umarmt werden. Dann fang gar nicht erst an.
- Sei dir immer bewusst, wie privilegiert du bist.
- Nur Arschgeigen erheben sich über andere.

- Taten sind wichtiger als Worte. Das gilt für andere, aber auch für dich.
- Belehre andere nicht, sondern gehe mit gutem Beispiel voran. Zum Beispiel indem du keine Sprüche-Bilder auf WhatsApp teilst.
- Gute Small-Talk-Frage: „Hast du schon mal einen Bären gestreichelt?“
- Schlechter Anmach-Spruch: „Willst du meinen Bären streicheln?“
- Kita-Kinder sind die besten Gesprächspartner. Wer sonst fragt dich, wer dein fünftliebster Dinosaurier ist?
- Lerne die Bedürfnisse deiner Mitmenschen kennen und respektiere sie.
- Wenn du schreibst, dass du dich verspätest, gib doppelt so viel Zeit an. Bei fünf Minuten zehn, bei zehn zwanzig und bei zwanzig vierzig. Bei vierzig Minuten sagst du das Treffen besser ab.
- Richte dir eine Handy-Erinnerung ein, dass du alle zwei Wochen deine Großeltern anrufst.
- Richte dir eine Handy-Erinnerung ein, dass du einmal im Jahr zum Urologen gehst.
- Trinke nie allein Alkohol.
- Iss nie allein Mon Chéri. Auch nicht zu zweit. Iss einfach nie Mon Chéri.
- Mit Fahrradhelm sieht jeder aus wie ein verdammter Trottel. Trage trotzdem einen.

- Sei gut zu deinem Körper. Iss regelmäßig Obst.
- Sei gut zu deinem Geist. Iss regelmäßig Kuchen.
- Verbanne Handys, Tablets und Fernseher aus deinem Schlafzimmer. Ein Ratschlag, der dir jetzt vollkommen absurd erscheint, in fünfzehn Jahren nicht mehr.
- Bewahre in jedem Zimmer ein Ladekabel auf. Außer im Schlafzimmer.
- Kriterien für einen guten Job: 1) Du weißt, was du zu tun hast, 2) du verdienst genug, um dir leckeres Essen zu kaufen, 3) du hast Zeit für deine Hobbys. Weise Gedanken von B., dem Sohn einer ehemaligen Kollegin.
- Leute, mit denen du dich auf der Arbeit gut stellen musst: IT, Buchhaltung, Assistenz, Hausmeister.
- Das beste Erfolgsrezept: Versprich zu wenig, halte zu viel.
- Fleiß, Durchhaltevermögen und Beharrlichkeit sind wichtiger als Talent. Oder in den Worten von Denzel Washington: „Wenn du lang genug beim Friseur rumhängst, bekommst du früher oder später einen Haarschnitt."
- Fast jedes Meeting könnte eine E-Mail sein. Häufig nicht einmal das.
- Frage dich regelmäßig: „Was würde ich tun, wenn ich zehn Millionen Euro hätte, aber trotzdem 40 Stunden pro Woche arbeiten müsste?"

- Frage dich genauso oft: „Macht mir das, was ich heute tue, Spaß? Falls nein, wie lange schon?" Weise Fragen von *Steve Jobs.*
- „Wenn du keinen Spaß hast, geh einfach weg." Weise Worte von *Paris Hilton.*
- Die To-Do-Liste wird niemals leer.
- Niemand kann dir vorgeben, was du auf deine To-Do-Liste schreibst. Setze an erste Stelle „Kaffee trinken". Das gibt dir das gute Gefühl, schon morgens etwas geleistet zu haben.
- Mach jeden Morgen dein Bett. An manchen Tagen wirst du nichts anderes auf die Reihe bekommen.
- Erstelle vor einer wichtigen Entscheidung eine ausführliche Pro & Contra-Liste. Anschließend entscheidest du aus dem Bauch heraus.
- Triff keine wichtigen Entscheidungen, wenn du hungrig, wütend oder müde bist.
- Bist du dir bei einer Entscheidung unsicher, lautet die Antwort immer „nein". Vor allem, wenn du dich fragst, ob du eine enge, weiße Jeans kaufen sollst.
- Mit Käse überbacken, ist immer eine gute Entscheidung.
- Lerne, nicht beleidigt zu sein, wenn dich jemand korrigiert.
- Jeder Fehler ist eine Gelegenheit, zu improvisieren.
- Halte nicht an einem Fehler fest, nur weil du viel Zeit damit verbracht hast, ihn zu machen.

- „Du wirst törichte Dinge tun. Tue sie mit Begeisterung.“ Weise Worte von *Colette.*
- Deine Missgeschicke von heute sind die lustigen Geschichten von morgen.
- „Auch das wird vorübergehen.“ Weise Worte von *Seneca.*
- Verfasse deinen eigenen Nachruf. Lebe anschließend so, dass ihn jemand schreiben könnte.
- Lache regelmäßig über dich selbst.
- Du hast das Recht, keine Meinung zu haben.
- Die Welt wäre ein besserer Ort, würden mehr Menschen sagen: „Darüber weiß ich zu wenig, dazu kann ich nichts sagen.“
- Sei stolz auf deine Erfolge.
- Sei demütig, denn die Hälfte deines Erfolgs verdankst du dem Glück.
- „Wenn du im Leben mehr Glück hast als andere, baue keinen höheren Zaun, sondern einen längeren Tisch.“ Weise Worte von *Kevin Kelly.*
- „Geld allein macht nicht glücklich, aber es ist besser, im Taxi zu weinen als in der Straßenbahn.“ Weise Worte von *Marcel Reich-Ranicki.*
- Mit einem Dankbarkeits-Tagebuch siehst du die positiven Dinge des Tages.
- Mit einem Undankbarkeits-Tagebuch siehst du die nervigen Dinge des Tages. Was du davon ändern kannst, ändere, und was nicht, ignoriere.

- Ärgere dich nicht über Sachen, die du willst, aber nicht hast, sondern freu dich, dass du Sachen nicht hast, die du nicht willst. Zum Beispiel kein Dach über dem Kopf haben. Oder Krebs. Oder kreisrunden Haarausfall.
- Färbe deine Haare nicht wasserstoffblond. Wahrscheinlich wirst du aussehen wie Lotti Karotti in der Räude. (Ich weiß, wovon ich spreche.)
- Grau ist besser als Glatze, aber Glatze spart Zeit beim Haarewaschen.
- Wenn der Friseur dich fragt, ob er deine Augenbrauen stutzen soll, lautet die Antwort immer „ja".
- Haare auf der Brust gelten alle zehn bis fünfzehn Jahre als sexy. Haare auf dem Rücken nie.
- Gerate nicht in Panik. Nie.
- Gefällt dir nicht, was du im Spiegel siehst, dimme das Licht.
- Absolute Aussagen sind unklug. Sei dir stets bewusst, dass du falsch liegen könntest. Außer bei der Ablehnung von Kohlrabi. Damit liegst du immer richtig.
- Wenn du deine Jacke oder deinen Mantel abgibst, mach ein Foto von der Garderobenmarke.
- Lege deine Schlüssel immer am selben Ort ab. Dein Portemonnaie auch.
- Ein Lichtschalter macht eine Lampe nicht nur an, sondern auch aus. Sogar im Bad.

- Wenn du ein Kleidungsstück zeitlos toll findest und es für immer tragen willst, kaufe drei davon. Noch besser fünf. Und wenn du das Geld hast, zehn.
- Der größte Irrtum: „Das muss ich mir nicht aufschreiben, das merke ich mir so."
- Beziehe dein Bett frisch, bevor du in den Urlaub fährst. Dein Nach-Urlaubs-Ich wird dein Vor-Urlaubs-Ich lieben.
- Plane nach Urlaubsreisen einen weiteren freien Tag ein.
- Aktivitäten für Städtereisen: Steige auf einen Aussichtspunkt, kaufe eine Zeitung, gehe in einen Supermarkt, fahre mit öffentlichen Verkehrsmitteln, iss bei McDonald's.
- Kein Gesetz verbietet dir, einen WhatsApp-Gruppenchat zu verlassen.
- Verlasse nicht den Familien-Gruppenchat.
- Wenn du Kinder hast, wirst du ihnen irgendwann erzählen, wie billig früher Eis war. Und Döner.
- Sei zufrieden.
- Sei misstrauisch gegenüber Wildleder.
- Kürzer ist immer besser. Außer bei Hosen.
- Töte auf keinen Fall den Hund von John Wick.
- Töte auch keine anderen Hunde.
- „Leider geil" sagen, ist leider ungeil.
- Bester Treffpunkt in einer Stadt, die dir vollkommen unbekannt ist: das Eiscafé Venezia.

- Umgib dich mit Menschen, die unterschiedliche Meinungen, Hintergründe und Weltanschauungen haben. Mit SPDlern, Konservativen, Grünen und Marxisten, mit SUV-Fahrern und Lastenrad-Ultras, mit Veganern und Currywurst-Enthusiasten, mit Rastafaris und Menschen, die den Kragen ihres Polohemdes hochstellen, mit Homosexuellen, Heterosexuellen und Transsexuellen.
  Du lernst von allen.
- Umgib dich nicht mit AfD-Wählern.
  Und nicht mit Kohlrabi-Essern.
- Traue niemandem, der dir 99 weise und unweise Gedanken verspricht. Vielleicht sind es nur 97.
- „Die Zukunft ist ungeschrieben, die Zukunft ist so schön vakant.“ Weise Worte von *Thees Uhlmann.*

Ich danke

… den Leserinnen und Lesern meines Blogs, die seit zehn Jahren mit unermüdlicher Anteilnahme meine Texte lesen, liken und kommentieren.

… Manuela Thieme und Chris Deutschländer, die mir geduldig mit Rat und Tat zur Seite standen und erklärt haben, wie man ein Buch verlegt, und die dafür gesorgt haben, dass es in den Verkauf gekommen ist.

… Cornelia Schwenkenbecher, die im Korrektorat und Lektorat mit scharfem Auge und stilsicherem Urteil dafür gesorgt hat, dass sich die Kapitel nicht lesen, als hätte ein Viertklässler sie verfasst.

… Jan Steins, der mit seiner unnachahmlich grandiosen Cover-Illustration den Titel zum Leben erweckt und Lust aufs Lesen macht. Oder Lust, sich das Buch ins Regal zu stellen.

… Inka Baron, die durch Satz und Layout dafür gesorgt hat, dass das Buch überhaupt in den Druck gehen konnte.

… meiner Kollegin Christiane, die mich seit mehr als zehn Jahren zur Schreiberei ermutigt und die ich als meinen größten Fan bezeichnen könnte, wenn das das Wort „Fan“ nicht so überstrapazieren würde.

… meiner Frau, die seit 27 Jahren an meiner Seite ausharrt und seit 27 Jahren über meine Witze lacht. (Ich tippe auf Stockholm-Syndrom.) Außerdem hatte sie die Idee zu dem epischen Titel, was dankenswerterweise dazu geführt hat, dass das Buch nicht „Söhnlein Brillant" heißen muss.

… meinen Kindern, die meiner Frau und mir ermöglicht haben, entspannte Eltern zu sein. Danke, danke, danke.

Sie wollen mehr?

Christian Hanne alias »Familienbetrieb«
auf anderen Kanälen

Blog:
www.familienbetrieb.info

Twitter:
@Betriebsfamilie

Facebook:
familienbetrieb

Instagram:
@betriebsfamilie

Bluesky:
@familienbetrieb.bsky.social

Threads:
@betriebsfamilie

Mastodon:
@Familienbetrieb